講談社選書メチエ
711

ＡＩ時代の労働の哲学

稲葉振一郎

MÉTIER

はじめに

現代は「第三次人工知能ブーム」と言われています。街の大型書店に行けば、コンピューター関連図書コーナーはもちろん、ビジネス書コーナーにも「人工知能」「ＡＩ（Artificial Intelligence）」と銘打った本が汗牛充棟です。その中にはもとより、良い本もあれば悪い本もあります。そうした中にあえて新しくこの一冊を付け加える理由について、少しご説明いたしましょう。

この本は『ＡＩ時代の労働の哲学』と銘打つくらいですから、人工知能技術の発展と、それが私たちの「労働」に対して及ぼすだろうインパクトについて論じていきます。とはいえ「経済学」や「社会学」と言わずに「哲学」を標榜《ひょうぼう》するのはなぜか？

実際には、お読みいただければすぐにもおわかりになるはずですが、経済学や社会学の知見も踏まえつつ議論をしていきます。しかしながら重点は、経済学や社会学、あるいは計算機科学の道具立てを活用して、人工知能技術の雇用・労働条件・生活に対するインパクトについて考察してみよう、というものではありません。[1] むしろそこから一歩引いて、「我々は人工知能技術の発展が社会に、とりわけ労働に及ぼすインパクトについて考える際に、どのような知的道具立てを既に持っているのか？」を点検してみる、というところに、本書の眼目があります。

議論全体の基調としては『ＡＩ』だの『人工知能』だのといった目新しい言葉をいったん脇に置

いて、資本主義経済の下での機械化が人間労働に与えるインパクトの歴史を振り返っておく必要がある」というものです。

この方針のもとに、まず第1章では、産業革命前後、黎明期の経済学の中でできあがり、ヘーゲルやマルクスといった哲学者による受容と洗練を経て定着した、近代的な労働観、労働概念について振り返ります。

第2章では焦点を法的、法律学的な問題領域に転じて、ローマ法からそれを下敷きとした近代法における労働の取引をめぐる枠組み、より具体的に言えば雇用、請負、委任といった取引タイプの区別の意味について考えます。更にそれを現代的な経済学の枠組み、とりわけリスク分担、という視点から振り返ります。

続く第3章では主として経済学、第4章では社会学を踏まえて、資本主義的ビジネスの中での生産システムの機械化、それが労働、雇用に与える影響についての研究をおさらいします。特に第3章では、現代のAIブーム、第三次人工知能ブームの何たるかを簡単に解説し、それが資本主義的ビジネスにおける労働に与えるインパクトは、産業革命以来の機械化、更には労働組織の官僚制化が与えてきたインパクトの延長線上にあるのかないのか、あるいは、根本的にこれまでとは異質な、新たな現象がAIによって引き起こされるということなのか、について考えます。第4章では、20世紀マルクス主義を踏まえた労働分析において支配的な潮流となった「労働疎外論」の簡単な検討と、その観点からAI、人工知能がどのように位置付けられるのか、についての考察も行われます。

第5章ではその上で、それでももし仮に、AIの発展が資本主義的な労働のあり方に、質的、革命的変化を与えるとしたら、それはどのようなものだろうか、について、あえて想像をたくましくして若干の議論を付け加えます。しかしそれは、たとえば「技術的特異点」論におけるような、人間によるコントロールから自律し、人間の能力を凌駕《りょうが》するような人工知能機械が出現する可能性、についての懸念ではありません。むしろ、はっきりと人間を超えはしないが、ほどほどに自律的な機械が量産される可能性の方こそが、私たちが自明に思っていた世界像を掘り崩す危険をはらんでいるのではないか、とそこでは暗示されます。

最後に、エピローグとして、労働――というより資本主義経済体制、資本主義的営利企業システムそのものに対して、人工知能の発展がどのようなインパクトを与えうるか、について若干の論点を提起します。とりわけ、人工知能は、かつて構想されていたような意味での「社会主義」の実現に対して貢献しうるものなのか、について検討を試みます。[2]

ＡＩ時代の労働の哲学◉目次

3 機械、ＡＩと雇用

1 近代の労働観

『ＡＩ時代の労働の哲学』と銘打ってみましたが、どこから話を始めたものでしょうか。できれば穏当に、穏便に、現実的な労働問題の話から入りたいところです。つまりは、人工知能、ロボットの産業への導入の、雇用、労働へのインパクト、というところから。しかしながら先のことを考えるならば、それでも最初に、最低限の概念的整理をしておいた方がよさそうです。

労働とは何か

労働・仕事・余暇

そもそも「労働」とは何か？　「労働」という言葉で我々は何を意味しているのか？　これは案外と難題です。

今日の日本語では、日常的には「労働」も「仕事」も同義語、とは言わないまでもかなりの程度類義語としてつかわれています。ただし「仕事」の方が個別具体的、「労働」の方が抽象的というニュアンスがあるといえばあるでしょう。

非常に抽象的なレベルでは、「労働」という言葉は、「人間の生存に必要な活動」くらいの意味合いで用いられます。しかしながら「生存に必要な活動」くらいはどんな生物だってしているわけですから、他の動物と人間とを差別化する何かをここに付け加えないとなりません（後でも少し触れますが、ハンナ・アレントは「労働 labor」と「仕事 work」を区別した上で、動物もまた「労働」するとします。動物がしないのは「仕事」です[1]）。

ここで普通想定される人間と動物との違いは、以下のように理解されています。すなわち、人間における生存維持のための活動の内容は、動物の場合のようにあらかじめ定められたものではなく、具体的にどういう活動をして生存の必要を満たすのか、たとえばどこに行って何を食べるのか、食べるものを獲得するために何をするのか、等々に際しては、大きな自由度が存在します。のみならず人間の労働においては、うまくいけば短時間で、少ない労力で生存の必要を満たすことができて、活用できる時間やエネルギーにおいて余剰を生じ、余暇を、つまりより高次な自由の機会を得ることができます。

問題はいろいろと残りますが、ここでいったん、生存ないし「余暇」を目的としたそのための手段としての活動を「労働」と称することにしましょう。そうしますと、ここに非常にありがちな、我々にとってなじみ深い、「労働」を捉えるための概念枠（1）が登場してきたことがわかります。すなわち「道具的（手段的）行為としての労働・対・『自己目的的行為』としての余暇活動」、という対立図式です。

労働疎外

更にこの図式を踏まえれば、もう少し硬い言葉でいうと「労働疎外」についての非常にシンプルな図式も手に入ります。すなわち、この枠組みでは「労働」は「生存」とか「余暇」といった「目的」を実現するための「手段」として位置付けられているわけですが、その場合、頑張って活動＝労働をしても、所期の目的が実現できず、手段のみが宙に浮くリスクがあることがわかります。具体的には、生存の必要を満たすために具体的に何をするかには自由度があるにもかかわらず、それが十分に自由でなければ、労働は不自由だと感じられてしまうでしょう。たとえばこれが「疎外」です。更に、具体的には何をするのであれ、一定の時間を要し、心身に疲労を残すものとして労働はあるわけですから、その労働があまりに長時間をとり、重い疲労を心身に残すならば、自由な余暇がそれだけ削られてしまいます。これもまた「疎外」ですね（のちに見るようにこれは「搾取」にもつながります）。

このような、目的と手段の分離、そしてその分離ゆえの疎外のリスクは、労働とそれが奉仕する余暇との関係においてのみならず、あらゆる局面で――とりわけ労働の営みそのもののただなかで――現れます。たとえば労働となる行為それ自体のレベルでも、精神的な構想とその身体的な実行との間に、目的－手段関係が成り立ちます。

このような疎外、労働の両義性は、実のところ古代から、労働を苦役、呪いであると同時に創造、人間ならではの栄光とするアンビバレンツという形で捉えられていたことは、言うまでもありません。[2]

アダム・スミス

『国富論』における「労働」「資本」「土地」

以上のような抽象的な一般論を踏まえた上で、これをもう少し具体的かつ現代的な労働問題の一種として考えてみましょう。問題となっている「労働」というのは要するに雇用労働、賃労働がメインですが、ある程度は請負や自営業者の労働の問題も入ってきます。つまりは、お金を払って生身の人間のサービス（労役）を買うこと、あるいは生身の人間がサービスを売ること、そのような取引における生身の人間のサービスのことをここではとりわけ「労働」と呼んでいます。

このような意味での「労働」という言葉遣いは、アダム・スミスの『国富論』あたりで確立され、その上で現代の経済学、そしてそれに基づく現実の経済慣行、ビジネスの実践や制度、政策にまで引き継がれています。[3]『国富論』でスミスは「人間にとって有用で、かつ空気のようにその対価を払うことなく無償で手に入るわけではない（のちの言葉でいえば「稀少な」）富は、すべて基本的に人間の労働を介して生産されるものである」と捉えています。

ただし、このような富を生産するのに必要なものは、もちろん労働だけではなく、労働によって加工される素材、原料となる様々なもの、更にはその労働＝加工作業において道具として使われるこれまた様々なものが必要です。ここでスミスは大雑把にそれらのものを二つのカテゴリーに大別します。ひとつは「土地」であり、これはそれ自体は人間の労働によって生産されたわけではないものの総体であり、いまひとつの「資本」はそれ自体もまた人間の労働を介して生産されたもので、それが別のものの生産に際して、道具や原材料として投入されるもの、という感じです。

改めてまとめますと、人間によって生産されたのではない生の自然＝「土地」と、自然に対して人間の労働による加工が加えられて、別のものの生産の手段（道具及び原材料）として用いられるもの＝「資本」と、それらを用いての人間による加工作業である「労働」という三種類の（のちのマルクスの言葉で言う）生産要素を投入して、富の生産はなされる、という図式をスミスは『国富論』で提示しています。更に踏み込みますと、スミスのこのカテゴリー分けのすごみは、それが単に思想家・研究者たるスミスの頭の中にある観念にとどまっているわけではない、ということです。つまりスミスが自分で勝手に「これは土地、これは資本、これは労働」という区分を頭の中で行い、その区分に従って現実を切り分けてうまく理解している、というだけではないのです。スミスによれば、この区別は現実のただなかに根拠を持ち、現実の社会を生き、そこで経済活動を行っている当の人々が、知ってか知らずか現に行っているカテゴリー分けだ、というのです。

「生産要素市場」というアイディアの革命性

端的にわかりやすいのは労働の例です。一口に「労働」とはいっても、スミスが観察し解明の対象としている経済社会は、複雑な分業ネットワークです。[4] 土地を主たる生産手段とし、そこで農作物を育て収穫する農業、同じく土地から鉱物を採掘する鉱業、農作物や鉱物などを更に加工して人工物を作り出す製造業＝工業、そしてそれら生産物の取引を仲介する商業、等々の様々な職業、産業が存在し、それらの現場に応じてまた様々な具体的な仕事、作業が存在します。そのような仕事、作業をもまた我々は一括して「労働」と呼びます。多種多様な、具体的にはそれぞれに異なった作業、サービスを、「労働」という名で呼ばれるものの仲間として一括しているわけです。

しかしこのような多種多様な作業、仕事（のちのマルクスの言葉で言えば「具体的有用労働」）が同じ「労働」（マルクス風に言えば「抽象的人間労働」）と見なされる根拠は、ただ単にスミスのような研究者が、外側からそれらを観察し「それぞれに異なる種類の営みだが、どれも生身の人間によるサービスであるという点では共通しているから」という理由で「同じ『労働』の仲間だ」と名付けるからではありません。このような名付け、名指しは、現にそれらの様々な作業、仕事を行う人々自身によって、具体的な社会的な営みを通じて行われているからです。つまり、様々な種類の営みが、いずれも賃金という貨幣的対価と交換に行われているからこそ、それらは同じく「労働」と見なされうる。スミスの『国富論』はこのようなアイディアによって貫かれています。

「資本」や「土地」も同様です。資本の利用に対しては利子という対価が、土地の利用に対しては地代という対価が支払われます。そのことによって、農作物や鉱物などの原材料や、土地建物や工作機械のような固定設備、更には資金などといった種々雑多なものの集まりが「資本」として一括しうるわけです。土地も同様で、農地であろうが牧草地であろうが鉱山であろうがいずれも「土地」です。

スミス『国富論』の経済学としての画期性は、「見えざる手」という言葉とともによく想起される価格メカニズム、競争的市場における需給均衡のメカニズムの提示それ自体にはありません。このアイディア自体には先行者を見つけることは容易です。スミス『国富論』の面白みは、この市場メカニズムを経済社会全体を覆うものとして描いたこと、具体的に言えば「労働」「資本」「土地」もまた、「賃金」「利子」「地代」という「価格」を介してその需給が調整される、つまり市場メカニズムのもとにあるもの、として捉えたところにあります。

このような、抽象的かつ一般的であるにもかかわらず、哲学者、理論家の頭の中にではなく、経済社会を生きる普通の当事者たちの実践の中にその根拠を持つカテゴリーとしての「労働」概念を明晰に切り出したのはスミスの功績——と言ってよいかどうかはともかく、スミスが後世に残した後戻り不能、取り消し不能の刻印です。ところがそのことの理解の定着には案外長くかかったのではないか、と私は思っています。どういうことかと言いますと、スミスによるこのカテゴリー分けはあえて言えば「経済学」的なものだったわけですが、それを政治などを含めたよりトータルな社会理解のためのカテゴリーへと鍛え上げようとしたのがカール・マルクスです。そしてこのマルクスの仕事は、スミスとスミス以降の経済学を踏まえていたと同時に、ゲオルグ・ヴィルヘルム・フリードリッヒ・ヘーゲルの哲学をも踏まえていた、つまりマルクス自身の言に従えば「観念論」であるヘーゲルの哲学に、経済学によって「唯物論」的な、つまり物質的、実体的な根拠を与えるものとして行われていました。ところがヘーゲルを実際に読んでいくと、スミスからヘーゲルへ、そしてヘーゲルからマルクスへ、という前進、発展の図式が単純には成り立っていないことがわかります。そこで以下少しヘーゲルに付き合ってみましょう。

G・W・F・ヘーゲル

動的調和の哲学

労働の哲学者としてのヘーゲルは、古代の神話以来の労働のアンビバレンツに対して、近代において見事な表現、定式化を与えた人、と見ることができます。要するに人間は、単なる生存の必要を量的に超えるのみならず、質的にも多様な欲望を抱く一方で、そうした欲望を満たすための労働の能力を持つが、この欲望と労働能力、したいこととできることの両者の間に、幸福な予定調和はない、と考えるわけです（のちに触れるコジェーヴ流に言えば、調和があれば動物と変わりません）。予定調和なしのコンフリクトをはらんだ、不調和に終わるリスクをはらんだ動的な調和（いわゆる弁証法はこれのことです）が、ヘーゲルの捉える人間的世界です。

乱暴にまとめますと、ヘーゲルの哲学とは人間の知性、精神が世界をトータルに把握するメカニズムの分析として解釈することができますが、そこでは精神による世界の把握が、静的で受動的な観察としてではなく、動的で能動的な世界への関与として描かれます。これがヘーゲル哲学の第一の特徴です。ヘーゲルに先立つカントにおいて、理性的人間による外的世界の認識は、単なる外界からの情報の受動的な摂取としてではなく、認識の主体である人間の側からの世界のカテゴリー分け（そこでは「時間」「空間」自体が、客観的に存在する世界の構造としてではなく、むしろ人間の理性の構造として捉えられます）によって可能となる、とされていました。しかしヘーゲルの場合は、このカテゴリー自体がダイナミックに生成変化するありようを捉えんとしています。このダイナミズムは、一面では具体的な個人が成長し経験を積む中で次第に世界理解が複雑に立体化していく過程として描かれることもあり、他方では人間の歴史、とりわけ思想の歴史自体がこのような世界を理解する観念の生成発展の過程として捉えられることもあります。このように、受動的な観察者としてではなく、積極的介入の主体として人間の精神は捉えられています。

第二にヘーゲルは、そうした人間の精神を根本的に社会的なものと見ていました。つまり、人間によるダイナミックな世界の認識は、純然たる世界の観察によってではなく、世界の中の対象に名付けを行って構造化し、更にはそうして名付けた対象に実際に手を出し、手を加える、つまり労働することによってこそ可能となります。またそうした認識－名付け－労働は、単独の個人単位で行われるわけではありません。主体としての人間は複数存在し、名前を付けて労働によって生産したものを取引します。取引を通じてこそ人々の労働は同じ「労働」となるわけです。[6]

スミスを超えそこなったヘーゲル？

スミスを含めた経済学を学んで、既にのちのマルクスの仕事を相当先取りしてさえいたヘーゲルですが、先述の通りマルクスが志したのは、このヘーゲルのダイナミズムを「唯物論」化することでした。ヘーゲルの場合には、肉体を持った人間の、物理的な行為としての労働を通じて、観念、精神が世界の中に具体化していく、という風に捉えられていたとすれば、マルクスはそうした観念、精神を生み出すのは、あくまでも具体的なものごと、すなわち、物理的な自然と、それに対する人間の身体の動きによる介入としての労働である、という風に考えていたわけです。

ただヘーゲルは、スミスをそれなりによく読み込んでいたとはいえ、マルクスに比べればその理解はまだ深みを欠いていていました。いや実際スミスを読んで明示的に論及さえしつつも、実際には彼が『法の哲学』で提示した経済像は、それ自体としてはスミスよりも、スミスに先行しその批判対象となったと思しきジェイムズ・ステュアートのそれに近かったことはよく知られています。[7] ステュアートはしばしば「重商主義経済学の体系的完成者」とされますが、スミス以降の、具体的な特定の職業・産業から区別された抽象的な労働・資本・土地の概念を持たず、つまりは農業、製造業、商業、といったあくまで具体的な職業・産業部門をベースにものを考えていました。[8] 分業のネットワークとしての市民社会も、このような具体的な職業・産業間の相互依存関係として捉えていましたから、スミス以降の経済学、そしてマルクスのような労働者・資本家・地主からなる階級社会として市民社会を捉える発想は彼にはありませんでした。それゆえにか、ヘーゲルが捉える市民社会においては、組合、職業団体がその基本的構成要素として位置付けられています。一方スミスの場合には、組合は余計者としての位置付けしかありませんし、マルクスが肯定的に位置付ける労働組合も、職業団体ではなく階級団体です。端的に言えばスミス、そしてマルクスは市場経済――市民社会を職業、産業を基本単位としてではなく、産業を超えて動き回る生産要素としての労働・資本・土地を、その所有者としての階級を単位として捉えているのに対して、ヘーゲルはなお職業、産業単位の思考から逃れられていません。このように考えるとヘーゲルの「労働」概念は、スミス以降の経済学、そしてスミスを十分咀嚼《そしやく》したマルクスのそれに比べると、抽象的な、つまりは社会を生きる当事者のそれを離れた、悪い意味で哲学者的なそれにとどまっているように思われます。すなわち、具体的な職業における様々な（マルクス風に言えば）具体的有用労働を一括するラベル以上のものではないように見えます。

マルクスを超えていたヘーゲル？

ただ他方でヘーゲルは、マルクスに先駆けたような冴えも見せています。ことにマルクスが読むことができなかった生前未発表の『イェーナ体系構想』には、様々の具体的な労働が分業の発展を通じて細分化し、更には機械化を通じてその内容が単純化して、互いに似通ったものになっていく、というアイディアがあります。[9] 意外なことですが、スミスの分業論においては、本格的な機械制工業はまだほとんど取り扱われてはおらず、そこで取り上げられている分業は、市場を介したそれと、大規模だが機械化されない工場における手工業的なものがメインでした。機械化を通じた労働そのものの単純化という発想は、チャールズ・バベッジやアンドリュー・ユーアなどを踏まえてマルクスがより深化させていくわけですが、着想自体はヘーゲルにおいて既にかなりの程度明確に結晶化していたのです。

更に、市民社会を商工業に従事する市民の職業団体と、それに加えて官僚身分と農民身分からなる身分制社会として捉え、階級社会としては捉えていなかったヘーゲルですが、ある意味でマルクスの階級闘争論の先駆も展開しているとは言えます。アレクサンドル・コジェーヴが第二次世界大戦中に、戦後フランスの指導的な思想家になった若者たちに対して行った有名な講義によってとみに有名になったヘーゲルの著作『精神現象学』の「自己意識」論における俗に言う「主人と奴隷の弁証法」

がそれです。[10] 乱暴にまとめればそこでは、自然に対峙して実際に身体を動かし、自らを危険にさらして成果を得ることとしての労働と、その成果を享受すること、消費との間の分裂と葛藤が主題化されています。勇気を欠くがゆえに主人に隷属し、労働によってそれに奉仕する奴隷は、しかし実際に労働することによって、生産した富は奪われつつも、能力を高めていきます。他方支配者として君臨する主人の方は、その地位に甘んじることによって弱体化していきます。こうして両者の関係は、気が付くといつ逆転するとも知れない不安定なものとなります。

言うまでもなくこれは、具体的な主人＝支配者と、奴隷＝従属者との間で、奴隷がもっぱら労働を担い、主人はその成果を奪って享受するのみ、という社会的な関係性の表象とも読めますし、またそのような関係のアナロジーにおいて、特定の個人、ひとつの主体の内部での労働という契機と享受という契機との葛藤を理解しようとするもの、と見ることもできます。当のテキストの「精神の現象学」なるタイトルを真に受けるならば、後者の解釈がまずはベースだということになるかもしれませんが、マルクスはそのようなヘーゲルの「観念」のレベルでのダイナミズムを、唯物論者として、現実の社会関係の中でのダイナミズム、すなわち階級闘争として捉え返すわけです。

市民社会の弁証法

しかしマルクスに行く前に、もう少しヘーゲルと付き合いましょう。『イェーナ体系構想』『法の哲学』でのヘーゲルの労働と市民社会の分析を見ると、そこにおける「弁証法」はおおむね以下のようなものです。

すなわち、市民社会の中での分業の発展を通じて、労働は断片化し、単純化していって、その報酬がどんどん安くなってしまう。すなわち、分業の発展と機械化を通じて、生産力自体は上がり、社会全体では富は蓄積されていくが、その富の分配は、労働者たちと資産家との間でどんどん不平等となっていく。貧困化した労働者を上からの公共政策で救済しようとすると、これら貧民たちは市民社会で職業に従事するにあたって必要な自立心を失い堕落してしまう——これだけ見るとほとんどマルクスを先取りしていると言えます。つまり、観念のダイナミズムにとどまらず、現実の社会の中の対立と葛藤の分析がそこにはあります。[11]

しかしながらヘーゲルはこの危機、行き詰まりの打破として、マルクス的な階級闘争を持ち出しません。『法の哲学』でヘーゲルが提示するのは、ひとつは海外貿易と植民という形で、これらの貧民たちに経済的活路を与えることです。この発想はケインズ的というよりは重商主義的といった方がよく、のちのフリードリッヒ・リスト『農地制度論』にほぼストレートに継承されています。[12]そしていまひとつは職業団体による集団的自助です。ヘーゲルによれば、職業団体は市民社会レベルでの自治団体であると同時に、身分制議会を通じて、国家レベルでの上からの統治への参画の経路でもあります。これはのちの利益団体政治、コーポラティズムの先取りと言ってもよいかもしれません。ただしその基本単位は、階級ではなく職業団体です。分業の発展を通じて各職業における労働は単純化し、その結果労働に従事する者たちは貧困化し、社会は分極化して対立をはらむ、と捉えながらも、その対立の主体として労働貧民たちがマルクス風に言えば「階級意識」に目覚めて独自の団体（職業団体とは区別されるものとしての労働組合）に結集する、というストーリーは描きません。

こうしてみると実になんとももどかしい構造をしていますが、ヘーゲルの「労働」概念は基本的にはスミス以前的、つまりは当事者レベルでの「抽象的人間労働」にはまだ到達しておらず、多様な「具体的有用労働」を包括するラベルにとどまると同時に、また抽象的、一般的な「人間の本質」をなす契機——社会を構成して、分業を通じて自然にはたらきかけるものとしての——としても用いられている、と考えるとよいでしょう。言ってみればそこでは人間のやることなすことすべてが労働です。哲学者の知的探究もそうですし、農業も、商工業も、官僚たちの公共政策もすべてが労働です。貧民たちの肉体労働も、資産家たちのビジネスも等しく労働であり、不平等はまだ労働と資産（資本と土地）との対立としては捉えられていません。

カール・マルクス(1)　疎外された労働

スミスとヘーゲルの統合、「抽象的人間労働」と労働者階級

ところが経済学をより本格的に学んだマルクス、産業革命以降の機械制工業の成果を目の当たりにしたマルクスの場合は違います。彼の場合にはヘーゲル的な「労働」概念と、スミス以降の経済学的な「労働」概念が重ね合わせられているわけです。それゆえに、経済学的な意味での労働者、資産（資本と土地）を所有せず賃金と引き換えに労役を売ることで生きていくしかない労働者が行う労働こそが、同時にヘーゲル的な意味での「労働」でもあり、資本家や地主は、労働が実際に生産活動とし

て行われるために不可欠な資産を所有していることを梃子に、「労働」を横領しているに過ぎない存在とされてしまうわけです。

つまり、言うまでもないことですが、マルクスにおいて私たちにとってなじみ深いものとしての「抽象的人間労働」の概念が完成するわけです。すなわち、人間の本質としての労働が、哲学者たちの頭の中の観念としてのみならず、現実の社会的な実践の構成要素としてもついにできあがる、というわけです。

スミスにおいてそれは既に、賃金という価格がつき、貨幣と交換される商品としての労働、という形で、つまり様々な「具体的有用労働」が市場における商品として均質化され等置される、という形で実質的にできあがっていた、と言えなくもないですが、この賃労働の問題を見落としていた一方で、分業と機械化を通じての「具体的有用労働」それ自体の単純化・内容的抽象化に気付いていたへーゲルのモチーフが、マルクスにおいてはそこに重ね合わされます。

『資本論』本体からは外された草稿「直接的生産過程の諸結果」には、それを端的に表す概念が登場します。すなわち、「資本による労働の形式的包摂／実質的包摂」の対概念です。[13] 簡単に言えば、「形式的包摂」においては、資本家の企業は、ビジネスを遂行する、たとえばある製品を作るのに必要な労働を行わせる場合、その「具体的有用労働」、特定の作業を遂行する能力、知識、技能を有する人材を外から雇い入れ、仕事をやってもらい、しばしばその遂行においても企業の側からの直接の指揮命令は行わず、結果さえ出れば文句は言わない。一方、「実質的包摂」においては、工程を機械化・官僚制組織化し、仕事自体を単純化し、どんな人材でもごく簡単な訓練のみで、あるいは全く訓練なしにその場でできるようにしておき、またその遂行に際しても企業の側からの指揮命令に従わせる、という感じです。

形式的包摂の下では、労働者による労働は、形式的には雇用関係の下にあっても、実質的にはまだ自営業者による請負作業と大差ない自律性を保ちえますが、実質的に包摂された労働は、雇用主たる企業の従属的な構成要素以上のものではなくなってしまいます。かくして、形式的にも実質的にも「抽象的人間労働」が社会的な現実として完成する、というわけです。

このように、同じく賃金によって生活するものとして、また「抽象的人間労働」に従事するものとして、労働者は、その外部から哲学者によって一括されるカテゴリーとしてではなく、当事者としてお互いを仲間として認め、アイデンティティを形成し、連帯できる。マルクスの発想はこのようなものです。

二つの弁証法――ヘーゲルの市民社会とマルクスの階級闘争

市民社会の多数派ではあるにしても一階級に過ぎない賃金労働者がなすところの労働が、同時にまた類的存在たる人間の本質としての労働の具体化でもある。マルクスの仕掛けではこのようになっています。とは言えそれはマルクスに言わせれば「疎外された労働」です。つまり資本の下に従属させられ、資本家に支配されたものです。しかしながらそれは本来は、労働者の労働によって用いられることなくしては無も同然であるのみならず、もともとは過去において労働を介して生産されたものです。その起源を延々さかのぼっていけば、いつしか資本は消失し、すべては労働と土地に還元されるはずです。つまり資本もまた別の意味で「疎外された労働」なのです。つまり、本来は人間の本質的契機たる労働によって生産されたものであるはずの資本が、人間を支配し、その労働の内容を貧寒にし、その成果を横領して肥え太っていく。ごく一部の資本家を除けば、ほとんどの人の労働は薄っぺらく抽象化され、その成果も吸い取られる（いわゆる「搾取」でありまた「疎外」です）。それゆえに、マルクスにとって、資本の支配を打倒することは、人間本来のありようの回復を意味するのです。

ヘーゲルの場合には、このような特権的な存在、歴史の主役としての労働者に対応するものはありません。官僚による救貧政策にせよ、職業団体の集団的自助にせよ、あるいは海外貿易と植民にせよ、市民社会における貧富の格差という問題への最終解決を意味しません。市民社会の上位存在であるとされる国家も、そのような市民社会におけるコンフリクトを解消するような存在では決してなく、むしろそうしたコンフリクト自体が、国家が存続するための原動力でさえある。そして国家でさえも、世界内に複数存在し、互いに拮抗《きっこう》して競争しあうことをやめられない——そのうち一国が帝国として人類を統一する可能性は展望されていないのです。

このような奇妙な二重性——およそ人間を人間たらしめている、世界に対する積極的なはたらきかけ一般をさすと同時に、経済活動における、具体的なものから切り離され、かつ雇い主の指揮命令下に柔軟になされる、融通無碍な人間によるサービス一般をさす——が、近代の私たちの「労働」概念の現在である。とりあえずそうまとめておきましょう。

その原点はおおむね、スミス、ヘーゲル、そしてマルクスあたりに求めることができました。スミスは具体的な職業、産業を離れた一般的な「労働」が、「資本」「土地」とともに、単なる抽象観念ではなく、社会的な実体として市民社会の運動を支配する基本単位として浮上するさまを描きました。それに対してマルクスは、そこにスミス的な「見えざる手」の調和だけではなく、自己破壊の危機をはらんだ対立と葛藤を見出しました。この、市民社会内の対立と葛藤というモチーフは、ヘーゲルを承けたものですが、ヘーゲルの場合には市民社会はスミス以前的に具体的な産業、職業の相互依存として理解され、そこにおける対立の克服も、その全面的な揚棄としてではなく、その対立を通じて、当事者間の調整や上からのリーダーシップといった「政治」の担い手としての国家が発展する、というストーリーが提示されたのに対して、マルクスはこの対立の主役を「労働」「資本」といった階級に置き換え、かつその対立は最終的には克服不能で、市民社会そのものを解体に追いやり、次の時代を準備するもの、と捉えたのです。

「生産的労働」

いまひとつヘーゲル、マルクスにおいて忘れてはならないのは、労働を「生産」として捉えているところです。欲望の対象となるものの多くは、労働によって生産されるのです（「生産活動としての労働」＝概念枠（2））。

これはもちろんアダム・スミスを継承しています。すなわち、労働が手段として奉仕する目的は、生存や余暇という形ならぬものだけではなく、製作物という形あるものでもありうるのです。これをハンナ・アレントは「仕事」と呼び「労働」と区別し、古典派経済学からマルクスにおける「生産的労働／不生産的労働」の区別もここに由来するとします。[14] マルクスにおいて資本とは労働の生産物、蓄積された労働であるのみならず、生きた労働に対立し、それを支配します。すなわち主と奴です。

ジョン・ロック

ここでマルクスの更なる検討に進みたいところですが、いったん歴史をさかのぼり、スミスよりも更に過去のジョン・ロックについて見ておきましょう。というのは、ロックはある意味でヘーゲル的な、一般的・抽象的なカテゴリーとしての「労働」概念の成立において重要な先駆者であると同時に、のちのマルクスとはまた異なる、「労働」をめぐる対立の構図の先駆者でもあるからです。

『統治二論』後編の自然状態論と市民状態論において、よく知られているようにロックは所有権の根拠、権原 entitlement を労働に求めます。[15] その理屈はやや面妖なもので、まず人間の本源的な財産、その所有権が誰に属するのか自明な財産として、本人の身体を挙げます。そしてその身体を用いて労働を加える、労働によってはたらきかけることで、人はそのはたらきかけの対象を自らの財産、所有権の対象とします。そのストーリーにおける端緒は野生の動物や植物に対する狩猟採集ですが、更に土地そのものの囲い込み、一定の土地を支配下に置いてそれに手を加えること、とします。ロックははっきりと「現代（ロックの時代）における労働の典型的な対象は、土地そのものである」とまで言います。

そう考えるとロックの労働論は、一見したところ、自然の対象を捉えて我がものとすること——そうして自然の対象を人間の社会に取り込むこと、そして自然の対象にはたらきかけて何か新しいものを、自然のではなく人間の社会の構成要素として生産すること、を軸にしているように見えますが、実際には土地を人間の支配下に置いて管理すること、こそがその中心であると考えた方がよいことになります。つまりそれは個々の作物や製品の生産よりも、のちの言葉でいう「生産要素」としての土地のメンテナンス、維持管理というニュアンスも帯びているのです。ロックの描く世界は、このような、土地という基本財産の所有を基盤として自立する人々を主役とする市民社会です。労働はこの土地を獲得し、保持する営みとしてこそ意味があるのです。

このロック的世界からは、スミスの段階で既にずいぶん遠ざかっています。財産の主役は土地からむしろ資本の方に移っています。ロックにおいても貨幣という形での生産された富の蓄積の問題は扱われていますが、まだ、土地とは異なりそれ自体が生産されたものでありつつ、土地と同様に生産手段たるものとしての資本の概念にはたどり着いていませんでした。この発想が成熟してくるのはスミス、早くてもケネーやテュルゴーらいわゆる重農主義者たちからです。重農主義者においては土地とは別に、翌年の収穫を得るために投入される作物の一部（種籾等）という形で、土地とは別の生産要素としての資本の概念が形成されつつありました。[16]

カール・マルクス(2)　生産/コミュニケーション

労働の社会性、あるいは労働中心主義

マルクスの『資本論』においてはそこまで強調されていませんでしたが、いわゆる『経済学・哲学草稿』や『ドイツ・イデオロギー』あるいは『経済学批判要綱』などの未発表草稿の発見以降、マルクスの「労働」概念に対してはその社会性が本質的な契機として読み込まれるのが常です[17]。つまり、労働とは基本的には個人で、単独で行われるものではなく、社会的になされるものだ、というわけです。単独で行われる作業であっても、その成果が他人と取引されるのが普通ですし、多くの場合には作業自体が多数の人間のチームによって担われる。以上から、労働は基本的には社会的な営みだ、とされます。

更にそこから進んで、マルクス主義者の多くは「労働は同時に他者とのコミュニケーションであり、純然たるコミュニケーションというものは本当はない、あるように見えるとすればそれは一種の疎外――本来のありようからの乖離である」というところにまで行きつきます。つまり「人間がやっていることは基本的にはすべて広い意味での労働である。そこから狭い意味での労働と、それ以外の営みとに分化していくわけであるけれども、それらすべての起源は、それらの本来のありようは労働なのだ」という考え方です。

経済活動に限定してみても、直接的な生産労働やサービス労働以外に、資本主義社会では資本家が

担う管理労働、労働者に対する指揮命令、マネジメント業務がありますが、それは本来の労働が直接的な生産労働やサービス労働、あるいはしばしば「肉体労働」と、直接的な生産労働やサービス労働より複雑で高度と見なされる「精神労働」とに分化したのだ、と考えるわけです。

これと少しずれますが、マルクス主義の図式内では、経済活動のうちでもっとも基本的なものは「生産」です。それによると、すべての経済活動は広い意味での生産であり、それが狭い意味での「生産」と、生産物の「分配」「流通」、そして「消費」に分かれていく、というわけです。なぜこのような理屈が成り立つかというと、マルクス主義における広い意味での生産には「再生産」、人が生存し繁殖し世代交代していくことと、社会関係が維持されていくことまでをも含むのであり、その意味で「（狭い意味での）生産の（広い意味での）生産」「分配・流通の（広い意味での）生産」「消費の（広い意味での）生産」という言い回しができるからです（この広い意味での生産と狭い意味での生産を同じ「生産」という言葉で一括してしまうことの問題は、いまは措いておきます）。この「生産中心主義」と「労働中心主義」とが合わさりますと、「生産的労働中心主義」ができあがります。つまり本来の労働はすべて生産的労働だったわけですが、分業の進展を通して、それらが「生産的な肉体労働（農業や製造業での現場作業）／生産的な精神労働（農業や製造業のマネジメント）」「不生産的な肉体労働（商業サービス業、公務での現場作業）／不生産的な精神労働（商業サービス業、公務のマネジメント）」等に分かれていくわけです。主婦による無償のものであれ、使用人による有償のものであれ、家事もまた不生産的労働です（使用人の労働すべてが必ずしも有償ではないということにも注意）。「経済活動に限定してみても」と先ほど言いましたが、マルクス主義の社会理論においては、社会の基盤をなすのは経済活動であり、そのまた中心、あるいは本来態が生産です。いわゆる「経済」、さしあたりは富の生産とその分配にかかわる営み以外は、「経済」の基盤があって初めて成り立つ、のみならず、マルクス主義社会理論に従えば、基本的には「経済」の構造によってその在り方がきまってしまう「上部構造」です。つまりそれらは、二次的な派生態です。政治活動や文化芸術にかかわる領域は、基本的には経済ではなく、つまりは「生産」ではないので、それらの領域にかかわる人の営みは、賃金を支払われていてもすべて「不生産的労働」ということになります。そして賃金など経済的対価を支払われていなければ、家事（労働）と同じく普通の意味での「労働」ではない、ということになります。

むろんこの辺はマルクスも、そしてこの区別の源流に位置するスミスも理解しており、「生産的労働／不生産的労働」の区別は何ら（特に道徳的な意味での）価値序列を意味するものではない、と述べてはいますが、両者の間にはある種の不可逆性が認められる、つまり生産的労働なくして不生産的労働はありえないが、逆は成り立たない、という関係が、あるいは前者の方が本来的で、後者は派生態である、という関係が成り立ってしまうところに注意しましょう。存在論的な意味での本来性が、価値の上でより上位にあることを直ちに意味するわけではありませんが、このような意味においては、マルクス主義のいわゆる「経済中心主義」「生産中心主義」そして「労働中心主義」は明らかでしょう。

ハーバーマスによる労働中心主義批判

ユルゲン・ハーバーマスの有名な「コミュニケーション的行為」の概念[18]は、マルクス主義の外側に立っているとおよそそのありがたみがわからないものですが、本来それがマルクス主義の伝統の内側から、それを食い破ろうとして出てきたものであることが理解されれば、なんとなくその意義はわかるでしょう。

マルクスも、イエナ草稿は知らなかったけれども、生産力と生産関係の弁証法のうちに、経済学研究に触発されつつヘーゲルが数年間哲学的に関心を抱きつづけた、かの労働と相互行為の連関を再発見している。『精神現象学』の最終章にたいする批判のなかで、マルクスは、ヘーゲルについて、かれは近代国民経済学の立場にたっている、なぜなら労働を人間の本質、確証された本質ととらえているから、と主張している。

（中略）

こうした観点にたって、マルクス自身、人類の世界史的形成過程を社会生活の再生産の法則から再構成しようとこころみた。社会的労働体系の変化の機構を、かれは、労働によって蓄積された自然過程にたいする支配力と、おのずから整序される相互行為の制度的な枠組との矛盾のうちに見た。けれども『ドイツ・イデオロギー』の第一章を正確に分析してみると、マルクスは相互行為と労働の連関を本格的に説明せず、社会的実践というあいまいな名称のもとに一方を他方に、つまりコミュニケーション行為を道具を用いた行動に還元している。[19]

非常に乱暴にまとめると、ここで若きハーバーマスは「労働とコミュニケーションの相互独立、相互不還元性を主張していたはずの若きヘーゲルは、のちにそれをいずれも絶対知というより大きなものに回収されていく部分的契機へと矮小化してしまったし、マルクスは、労働の方にコミュニケーションを還元してしまった」と言いたいわけです。

後年、マルクス主義の枠組みからはっきりと自立したハーバーマスは、この区別をもっと推し進めていきますが、換骨奪胎しますと、マルクス的な「労働」を引き継ぐ彼の概念は「手段（道具）的instrumental合理性」に導かれた行為、とされ、それに対置されるのが「コミュニケーション的行為」です。ハーバーマスは理性、合理性についても二つの種類、あるいは二つの相を認めて区別するわけです。これはある意味では、英米系哲学、分析哲学における言語論や行為論の影響を受け、それと対話可能な議論を構成するための工夫でしょう。英米哲学の行為論の枠組みでは「合理性とは行為の主体の性質であり、行為の統制原理のことである」くらいに理解できます。自分の目標を達成するために、周囲の環境の制約と、それが提供する資源をうまく理解し、制約を満たしつつ資源を利用して行為するのが、合理的な行為者、行為主体です。ハーバーマスはマルクス的な（広い意味での）労働概念をこのような枠組みで理解します。

もちろんこのような、手段的合理性に導かれた行為としての労働は、多くの場合単独ではなく、他者とのかかわりの中で、かかわりを通じて遂行されます。それゆえにマルクス主義者は「本来的にはすべてが労働であり、（ハーバーマスを含めて）非マルクス主義者が『コミュニケーション』と呼ぶものはその一面を切り取って抽象化したもの、あるいはそこからの派生態に過ぎない」と主張するわけですが、ハーバーマスはコミュニケーションにはそのような手段的合理性には還元できない側面がある、と考えるわけです。ではそれは何か？ そこをいま深掘りする余裕はありませんが、簡略に言うと「他者とのコミュニケーションにおいては、確たる目的をこれと定められない場合がある、典型的には、コミュニケーションの相手たる他人を理解することそれ自体を目的とする場合である。成功するにせよ失敗するにせよ、そこでは、『これを達成すれば成功だ』という目的をあらかじめ定めることができない場合が多い」といったところです。[20]

このようにマルクス的な意味での「労働」には還元できない独立の次元をなすものとしての「コミュニケーション」があることをきちんと押さえておけば、「経済」に還元することなく「政治」や「文化」について論じることができるでしょう。更に言えば「経済」においても「労働」「生産」に還元することなく「分配」や「流通」、あるいは「消費」、更には「マネジメント」「研究開発」を論じることができます。ここをいったん押さえておきましょう。

更に確認しておくならば、この区別をきちんと押さえておくことの意義は、なにもマルクス主義の相対化にのみ限るわけではないのです。[21] 問題はそれに止まらず、主流派経済学やいわゆるリベラリズムの政治哲学などにおいても、ここでいうような意味での「労働中心主義」、すなわちハーバーマスの意味での道具的理性中心主義は明確に存在しているからです。また、ハーバーマスとは異なった理路を通じてですが、ハンナ・アレントもまた、「労働」「仕事」に対して、ハーバーマスのいう「相互行為」「コミュニケーション的行為」に対応するカテゴリーとしての「行為」を立てていることに注意しましょう。

カール・マルクス(3)　疎外の複層性

普遍的疎外、労働者固有の疎外

少々議論を急ぎ過ぎましたので、マルクス的な労働概念のより内在的な検討に戻りましょう。ヘーゲル的な、包括的な労働概念から、対立しあう二項が実体化されて自立させられたマルクスの資本主義的労働概念に目を移していったときに気付かれるのは、マルクス主義的な労働疎外の概念には少なくとも二つ、あるいは三つのレベルがあって、そこを区別しなければならない、ということです。

市場によってもたらされる疎外には、資本家も巻き込まれます。労働者の受ける疎外には、市場による疎外、つまり市民社会の中で市場の見えざる手に受動的に従うしかない、という資本家もまたさらされている疎外——普遍的疎外、とでも呼びましょうか。あるいは「物象化」という表現もありま す——とともに、資本家によって雇用されることに由来する労働者固有の疎外もあります。

ではこの疎外とは一体どのようなものでしょうか？

ひとつは、実際にはあれこれと資本家による指揮命令を受け、限定的にではあれ資本家の支配下に置かれて従属する、制限付きの奴隷となる、という疎外。そしてもうひとつ、これが厄介なのですが、雇用関係はそのような「制限付きの奴隷制」であるにもかかわらず、当然奴隷制に比べれば資本家=雇い主の権利に対する制約が強く、とりわけその入り口と出口が自由市場となっているがゆえに、その正体——実は奴隷制と連続線上にあること——が見えにくくなっている、ということ。これもまたマルクス主義によれば、というよりこちらこそがより深刻な労働疎外です。つまり、非対称的な支配関係（労働者固有の第一の疎外）が、形式的に対等な契約関係を偽装している（労働者固有の第二の疎外）というわけです。

雇用と「労働力商品」

言うまでもないことですが、雇用関係において取引されるのは個々の特定のわかり切った仕事ではなく、具体的に労働者に雇い主がいつ何をどのようにやってもらいたいかをあらかじめ特定して明示的に契約に書き込み、同意をとっておくことが難しい仕事です。というより、あらかじめの明示的な同意をとらずに、臨機応変に雇い主の命令に従ってもらうことを期待するからこそ、「雇用」という形をとるのです。ある程度でもそれができるような仕事は、継続的な、あるいは特定の期間の定めがない雇用関係ではなく、期間を区切った、あるいは期間ではなく特定の成果を上げることを単位とした「請負」として処理されることが多くなります。雇用関係においては雇い主と雇われた労働者はひとつの組織を形作りますが、請負においてはその限りではありません。自明なものとしてパッケージ化できるなら、それは競争的な市場において取引できます。しかし雇用関係において雇い主が労働者に対してやってもらいたい一連の仕事は、そのようにパッケージ化してきり分けすることが難しいのです。それゆえに雇用関係においては、市場的に取引されるのは「ある範囲までの仕事ならば弾力的に、雇い主の要請に応じて、その指揮命令下で遂行する」という大雑把な約束であり、その約束の範囲内の取引は、開かれた市場の「見えざる手」によってではなく、特定の雇い主からの命令と、やはり特定の労働者によるその受容ないし反発、そして両者間の交渉を通じて、「見える手」によって動かされざるを得ません。それがいわゆる「経営」です。こうした「経営」の領分はもちろん人事労務管理だけではありません。財務、資金調達において、出資者や債権者との関係もしばしばこうした色彩を帯びます。

雇用が商品の売買とは異なり、奴隷制と相通じる支配関係、指揮命令関係を伴わざるを得ない最大の理由は、この、前もってすべてを契約に書き込んでおけないという性質、今日の経済学風に言えば、契約の不完備性である、となりましょう。雇用に限らず、請負や委任など、ほかの労務供給契約においてもこの問題、つまり「起こりうるすべての事態に対応した条件を、あらかじめ契約の中に書き込んでおくことができない」ということがその中心的な課題です。というより「そのような不確実性に柔軟に対処することこそがこのような契約、取引の眼目である」と言えましょう。[22]

ご存知の通りマルクス自身は、経済学の枠組みの中にあえてとどまったがゆえに、取引の基本形を売買と見なす――お金や土地の賃貸借、そしてもちろん労働の雇用や請負までも、売買のヴァリエーションと見なす、という形で議論を展開しました。鋭敏なマルクスは、そこに無理があることに気付いていました。とりわけ労働の取引を「労働という商品の売買」と解することによっては「対等な取引を通じて、労働者の搾取と疎外がなぜ起こってしまうのか?」という謎が解明できない、と正しく見抜いていました。しかしそこで彼は「雇用は売買とは別のカテゴリーである」とするのではなく、「雇用は労働ではなく労働力（具体的な労働サービスではなく、雇い主の命令に従って労働を行う能力、ポテンシャル）の売買である」としたのです。

この「労働力商品」という概念は、非常に見事なアイディアではありますが、現実の人々の意識や言葉遣い、行動からはかけ離れています。既に見たようにスミスの経済学がなぜ優れていたかと言えば、スミスの用いた分析概念としての「労働」「資本」「土地」は、分析者スミスが作り出した理論的ビルディングブロックであると同時に、スミスが分析対象とする現実の経済社会の中で、実際に経済社会を生きる当事者たちが用いる言葉、概念でもあったからです。しかしマルクスの「労働力」はそうではありません。「誰も気付いていない真相を暴露する！」（この論法が後で見る「物象化」批判です）という意気込みを感じさせる一方で、人々がそれに説得されず空振りに終われば、なんとも独善的なレトリックということにもなりかねません。

資本や土地との対称性を堅持したいのであれば、スミスは資本市場における価格メカニズムを利潤、利子で、土地市場においては地代で考えている、つまり丸ごとの売買価格によってではなく使用料、賃貸借の際のレンタル価格で考えているわけですから、労働についても、労働力のレンタル料として賃金を考えてもよさそうですが、マルクスは労働力を丸ごと売買される——そして買われて使われた後は消耗する——商品として考えることにこだわりました。このこだわりにはもちろん理由があります。つまり労働者は雇い主たる資本家に労働の支配権を奪われ、消耗してしまうということを強調したかったわけです。しかしながら後世の社会科学の発展にとっては、むしろ賃貸借、雇用、請負といった契約、取引の形式を、売買とは別個のカテゴリーとして、それはそれとして分析した上で売買と関連付ける、といったアプローチをとった方が、実りが多かったのではないでしょうか。

章を改めて、その点について少し詳しく見ていきましょう。

2 労働と雇用

雇用・請負・委任(1)

ここから、経済学的言葉遣いからいったん離れて、法学的な枠組みに引き寄せて整理してみましょう。

現代の日本の民法では、労務供給契約の三つの典型的なタイプとして雇用・請負・委任（厳密に言うと四つ目の「寄託《きたく》」がありますが、ややこしくなるのでここでは無視します）が置かれていますが、実は雇用・請負と委任との間には重要な違いがあります。もちろんたくさんの違いがあるのですが、ここでの文脈からまず注目すべきは、雇用と請負の場合には労務と引き換えに対価が支払われるのが普通であるのに対して、委任の場合には対価が必ずしも発生しない、ということです。

どういうことかと言えば、委任の場合には、労務を供給する側がリーダーシップをとるのです。これに対して雇用の場合には当然、労務を発注し、させる側が労務供給者に対して指揮命令を行います。請負の場合には、直接の指揮命令は行わないのが普通ですが、対価の支払いを通して発注者がリーダーシップを握り、受注者の行動をコントロールしようとします。ところが委任の場合には、このバランスが一見したところ崩れてしまいます。

ここのところをよく覚えておきましょう。

ローマ法への遡行

近代法を含めて、我々が「法」と呼ぶ仕組み、弾劾主義、対審制の――つまりは対等な合議制の――裁判制度を軸とした法制度の一番重要な起源であるのは言うまでもなく古代ローマです。そして木庭顕によると、ローマ法では雇用・請負と委任とは、そもそも基本的に別カテゴリーです。雇用・請負、そして土地などの賃貸借が一括されて locatio conductio という類型を形作るのに対して、委任 mandatum は全く異なるカテゴリーに属していました。[1]

locatio conductio に賃貸借が入っており、雇用や請負がその一種である、というのはどういうことかと言えば、自由人同士が土地を貸し借りするように、自分の奉公人や奴隷を互いに貸し借りする、という感じです。雇用の原点がここにあるとすれば、その主体は労務を提供する労働者自身ではない。ここでの労働者は自由人ではなく、自由人たる家長に従属する奉公人や奴隷である、ということになります。また賃貸借の中心は、農地をめぐる地主と小作の関係です。

ただ locatio conductio はこれにとどまるものではなく、教師や音楽家といった高度な専門職能人である自由人が、奉公人や奴隷ではなく、自らの労務を対価をとって供給する場合にも、用いられる形式となったようです。これは今日的なセンスでは雇用よりもむしろ請負、あるいは委任に近いものと言えましょう。

これに対して mandatum、委任は最初から自由人同士の取引関係であり、なおかつ、無償が原則です。現代日本の民法においてさえそうなのです。委任者は受任者を直接にコントロールしないのはもちろん、請負とは違って無償が原則であれば、間接的にもコントロールできません。となれば、委任者の期待が実現されるかどうかは、すべて受任者の善意とプライドにかかっているわけです。なぜそうなるかというと、請負の場合とは異なり、委任が典型的に当てはまるような取引においては、委任者には仕事の良し悪し自体がしばしば判別できず、評価できないからです。今日では弁護士や医師などに高度に専門的な仕事を依頼する場合がこれにあたるでしょう。

もちろん現代社会では実際には、事実上の対価が支払われるのが普通ですが、「原則無償」であることの意味は小さくありません。実際このような委任に対する報酬は「謝礼」「束脩《そくしゅう》」とされるわけです。元来は委任は対等な同輩同士での信用に基づく労務の依頼、あるいは互いに自由人ではあっても、解放奴隷と元主人とか、庶民と有力者・名士といった非対等な関係（古代ローマ風に言えば、クリエンテースとパトロヌスの関係、パトロネジ）において、弱者の側が強者に何事かを依頼し、強者の側はそれに応えることを名誉が懸かった義務として引き受け、対価は求めない（対価に依存せずに生きていけるから必要ないし、下手をすると対価をとることは名誉にかかわりかねない）、といった関係が、mandatum の原点だったと考えられます。

雇用の二極

奴隷制と自由な契約

近代の、奴隷制が明確に廃止されて以降の雇用関係というものは、かつての奴隷・奉公人との関係を、自由人との労務の取引関係に読み替える、という操作の上に成り立っている、ということになるでしょう。奴隷・奉公人に対する、主人の一方的義務としての扶養、扶持を、両者の合意に基づく契約関係に読み替え、組み替えるわけです。

ここで誤解してはならないのは、家長＝主人側に奴隷・奉公人、女子どもに対する義務があるからと言って、逆に奴隷・奉公人や女子どもの側に家長＝主人に対して、その義務を果たすことを求める権利がある、とは直ちには言い難いことです。権利と義務が対称的になっている、更に言えばまず（人のものに対する権利がそうであるように、人の人や社会に対するものまで含めて）権利が先にあって次に義務が来る、という考え方は乱暴に言えば「近代的」なものであって、まさにこうした読み替えを通じて成立してきた。そして労務の対価としての賃金などの給付は、雇い主の義務である半面、雇い人の権利となるわけです。

もちろんその半面で、専門性の高い自由人による労務の提供の扱い方も、従属的性格の強い奴隷・奉公人のそれへと近づけられていくというベクトルもはたらくことに注意しなければなりません。もともと独立した外部の専門家だったとしても、特定の相手との取引にあまりに依存すれば、スキルが汎用性を失って、この特定の相手との仕事向けに特化されてしまうこともありえます。そうなればこの専門職能人の交渉力は弱まり、取引先の企業組織に内部化され、雇用関係になってしまうということにもなりえます。既に触れたように、産業革命以降の職人たちの工場労働者化においても、このようなロジックがはたらいていたと思われます。

ジョブ型雇用とメンバーシップ型雇用、そして請負、委任

現代日本における労働問題に関心のある方なら、「ジョブ型雇用」「メンバーシップ型雇用」という区別について聞いたことがあるかもしれません。[2] 非常に大雑把に言えば、「ジョブ型雇用」とは特定のジョブ、つまりまとまって独立性の高い（定型性が高い、とは限りませんが、企業の業務全般の中で、他から切り離して運営しやすく、その分外注もしやすいような）仕事に専心するために雇われる働き方で、「メンバーシップ型雇用」とは、特定の仕事をするためではなく、企業が必要とする仕事を、経営者＝使用者の命令に応じて柔軟にする、という働き方です。この問題については、先に雇用のヴァリエーションとしてではなく、雇用・請負・委任の間の違いとして論じてきたわけですが、改めて整理してみましょう。

ジョブ型の雇用は独立性が高く外部化しやすいわけですが、その中には定型化されて単純な、それこそ日雇い、パートタイムで雇用できるような仕事もあれば、他方、市民社会レベルで相場が確立しているが定型化されてはいないような専門的業務もあります。後者の場合には外注することもできます。外注がひとつの仕事あたりになればこれはれっきとした請負ですし、期間を決めて個々の仕事だけではなく長期的なコンサルティングも依頼するなら、これはむしろ委任に近づくでしょう。

メンバーシップ型の場合にも、家事労働や、接客などの対人サービスの多くは、定型化されてはいないがある程度「（人間ならば）誰にでもできる」いわゆる雑用であり、外注するよりは企業内に抱え

	低付加価値	高付加価値
ジョブ型	定型化された単純作業	高度専門職
メンバーシップ型	一般事務職	幹部候補生

込んでおいた方が便利であることもありえます。他方で、企業経営、意思決定に直接かかわるような仕事の担い手は、外部化しない方がいいわけです。そのような仕事も、雑用と同様の柔軟性が要求されます。

そう考えると非常に単純ですが、二つの軸をクロスさせた四分法ができます。

かつての奴隷・奉公人はメンバーシップ型雇用の原型にあたるわけですが、奴隷にも様々なタイプがありました。家事労働や危険な肉体労働に酷使され、消耗品扱いをされる者もいれば、主人のビジネスのアシスタントとして重要な意思決定にコミットし、場合によっては解放奴隷として主人の仕事や家を継承する者もいる。そのような幅の広さは、現代のメンバーシップ型雇用にも引き継がれている、と言えるでしょう。

ジョブ型の幅広さは、ある意味でそれ以上です。高度専門職の雇用は、請負どころかむしろ委任にさえ近づく一方で、定型化された単純作業は取り換えがいくらでも可能な没個性的な商品、いわばコモディティとして取り扱うことができます。つまりここでもまた外部化可能で、やはり請負に近づきますが、かといって委任に近づくことは決して考えられません。あくまでそれを「使用」する権利は雇い主の方に保持されるからです。[3]

資本主義と雇用

発展段階論による解釈

更にここにマルクス主義的な、資本主義の発展段階論を組み合わせてみましょう。この図式に従うなら、資本主義が発展する前は、人々の市場経済への依存度は低く、市場も未発達で不完全であったから、当然労働力の調達と管理においても、労働市場への依存度は低くなります。生産の単位としての企業と、生活、再生産の単位としての家も未分化で、家族・住み込みの奉公人の労働力がメインであり、家の外部から奉公人を雇い入れる場合も、労働市場より共同体的、対面的なネットワークが重要です。概して言えば、開放的な労働市場を利用して随時最適な人材活用を行うのではなく、閉鎖的かつ長期的な、あえて言えばメンバーシップ型の雇用関係が中心となります。

これに対して近世後期、農業革命期から更に産業革命を経て、資本主義が発展してくると、開放的で自由な労働市場に依存した、より合理的で短期的ないわばジョブ型雇用が、単純な肉体労働においても、より高度な熟練技能労働や専門職においても主流となってくる。スミスからマルクスに至るまで、古典派経済学のイメージはこのようなものです。

ところが、こうした開放的労働市場に依存したジョブ型雇用主体の労働システムは、19世紀以降また重要度を減じていく、というのが、20世紀のマルクス主義、そして産業社会論の考え方です。経済の主導セクター、最先端の成長産業が重化学工業となると、大規模な設備を必要とするその経営は個人経営や同族企業ではもはや不可能となり、株式会社制度の下、多数の従業員を従えた官僚組織によって経営される大企業が発達します。そのような大企業においては、巨大な設備や官僚組織を回すために、雇用は長期的に固定されるようになり、やや逆説的にも新たな形でメンバーシップ型雇用が復活します。[4]

マルクス主義や産業社会論は、かくして、純粋資本主義的な市場の論理が、国家のみならず資本主義的企業それ自体における非市場的組織の成長によって制限され、資本主義と社会主義は互いに似通った体制になっていく、と想定しました（マルクス主義の場合には、資本主義はいずれ社会主義に移行する、と考え、産業社会論では、双方が互いに歩み寄る、と展望するという違いはありましたが）。この成熟した組織資本主義の世界においては、理想的なケースでは、断片的な単純労働も、使い捨てのジョブとして外部化されるよりは、官僚組織のピラミッドの中の末端として内部化される。標準的な労働者はまずはそうした末端のジョブから、その経験を訓練としてより高度なジョブへ、更に各種各階梯の複数のジョブを経験することを通じて、個々の仕事を超えた、企業全体の組織と経営への視野を獲得して、経営管理の中枢を担うポストへと昇進していく、あるいは個々のジョブではなくジョブの経験の蓄積としてのキャリアを形成していく。そのようないわば「人事労務管理・労使関係のホワイトカラー化モデル」とでもいうべきものが20世紀末には強い説得力を帯びました。[5]

21世紀の雇用（そして労務請負）の現在

しかしながら実際には、80年代には社会主義経済の行き詰まりがはっきりしてきて、90年代からの雪崩を打ったような体制転換とともに、産業社会論の両体制収斂論は吹き飛んでしまいます。そして西側資本主義社会においても、公共部門の縮小、規制緩和の嵐が吹き荒れ、金融システムにおいても労働市場においても、閉鎖的組織の退潮と外部市場の活用が活発化します。いわゆる金融革新、アンバンドリングが進行する一方、非正規雇用の割合が増加し、安定した雇用の下、コミュニティとしての職場に根差した、20世紀型の労働組合の組織率もどんどん低下していきます。

ここに情報通信革命がダメ押しをかけます。かつてはコンピューターの発達、情報化は、知識という財の私有財産化、商品化の難しさゆえに、市場経済の枠組みでは扱いづらく、またコンピュータリゼーションによって社会主義計画経済の困難も緩和されていくと期待されていたため、情報化は資本主義と社会主義の両体制の収斂に貢献する、と予想されていました。しかし実際には、情報通信革命は取引コストを下げることによって、企業内取引や下請ピラミッドなどの組織的取引の、開放的市場取引に対する優位性を掘り崩してしまいました。かくして、労働市場の内部化にはあるところで歯止めがかかり、もともと外部化の可能性が高かったジョブ型雇用はますます外部化されていく、という傾向がみられるようになったのです。それでも、一般事務職や雑用などの外部化は、人間にとっては容易で「単純労働」ではあっても、定型化が困難であったために機械化は進まず、それほど急激に外部化はされてこなかったのですが、第三次人工知能ブーム以降の機械学習技術はこの領域——人間には「単純」だが非定型的な仕事——の一部について、機械化を従来よりも推し進めることを可能にし、それらをメンバーシップ型からジョブ型に近づけ、外部化の可能性を高めた、と言えるでしょう。

もちろんこれに対して、そのような技術革新による産業の変化に合わせた新しい組織づくり、商品開発の仕事や、まさにそうした技術開発を推し進める仕事それ自体への需要が減ることはないわけですから、マクロ的に見て、雇用全体が減るとは限らないわけですが、放置しておけば、ますます需要が減る低付加価値雇用と、このような高付加価値雇用との間で、賃金や労働条件の格差は増大していくでしょう。

雇用・請負・委任(2)

契約の不完備性という視点

以上整理しますと、雇用においては、労働者に対して、その時その時の必要に応じた臨機応変な指令を、雇い主は下したいわけです。委任の場合にはその逆に、その時その時に応じて、委任者の利益にかなうであろう適切な行動を、受任者には自主的な判断の下に、委任者の個別的な依頼などなくともとってほしいものです。請負の場合には、契約条項をかなり具体的に書き込んだパッケージとする――それこそ商品化、というより今日風に言えば標準的、無個性的なコモディティ化することができるので、取引を売買に近い、競争的市場での商品取引に近い性質を持ったものにしていくことができそうですが、雇用や委任の場合にはそうはいかないのです。

とはいえ、専門家や外部独立業者への委任の場合には、ある種の擬似コモディティ化が起きないとは言えません。つまり、業務内容が雇用の場合のように不定型、不確実、柔軟で、起こりうるあらゆる条件に備えた完備契約を書けないとはいえ、雇用においては具体的な意思決定を労務の発注者＝雇い主の側が行わねばならないのに対して、委任の場合には発注者＝委任者はそのような意思決定の負担を解除され、それを受任者に委ねる。その意味では、委任者の側からすればこの契約は、究極の不完備＝「白紙」であるがゆえに逆説的にコモディティ的になることもありうるのです。

先に見たジョブ型とメンバーシップ型の区別で言えば、単純労働の非正規労働者と、特殊技能を持ち自律的な判断で仕事を遂行する専門家という一見対極の存在がともに「ジョブ型」に分類されるのはこのような理由によります。この種の高度な業務は、法的な言葉遣いをすれば、雇用という形式によってではなく、請負、あるいは、成果の内容自体を発注側ではチェックできず、相手を信頼して任せなければならない場合には委任として行われます。また後でも触れますが、トップ経営者層、取締役会と、本来の意味での資本家、株主たちとの関係も雇用ではなく委任であると考えた方がよいでしょう。[6]

資本主義のダイナミズムと契約の不完備性

委任の場合はとりあえず除外したとしても、マルクス自身が、またのちのマルクス主義者たちがこの問題をどのように考えていたか、はやや難しい問題です。

一方では、生産現場の機械化、更に事務労働においても官僚制化が、雇用労働者の労働、仕事の内容を標準化・単純化・断片化して、請負の場合のようにコモディティ化してしまうだろう、という方向での議論もあります（「実質的包摂」の概念は、こうした解釈を支持するように見えます）。仮にマルクスと後継者たちの労働認識をこのように解釈するならば、労働者の疎外も資本家の疎外と本質的には異なるところはなくなっていき、資本家との間に残る非対称性は搾取、量的な格差のみ、ということになってしまうでしょう。それに対して契約の不完備性が決して克服できず、指揮命令関係はなくならない、と考えるのであれば、そこには資本家とは異なる、労働者固有の疎外があることになります。どうしてもこのあたりについてあいまいさが残ります。

マルクスやマルクス主義を離れて我々自身がどう考えるかと言えば、資本主義は絶えざるイノヴェーションを伴う動態的な仕組みであり、生産現場における不確定性は常に残る、というより日々新たに生成し続けるがゆえに、不完備契約としての雇用は当然になくならず、機械化・自動化されない指揮命令、更にそれと対抗する交渉もなくならないでしょう。生産現場における政治はなくなりません。しかしそれだけではない。そのような、日々の職場の変貌と不確実性を生むのは言うまでもなくイノヴェーションであり、そうした革新は当然に、その幾分かは職場、現場から上がってくるものでもあります。しかしながらそれは、より上層のエリートたちの間からももちろん浮上してきます。

このようなイノヴェーションと、それと裏腹のダイナミズムをどう考えればよいでしょうか？　イノヴェーションの副産物としての職場の変動は、いかに労働を合理化・定型化・単純化しようとも、職場が完全には市場の論理によって支配されず、人格的支配や交渉が消滅しないこと、労働者固有の疎外の問題は残り続けること、を意味します。

しかしイノヴェーションの結果ではなく、それを生み出す場はどうなのでしょうか？　それは熾烈な競争的市場であり、そこには政治は不在ではないのでしょうか？　必ずしもそうとは言えません。競争的市場への受動的適応を超えて、短期的にでも競争から自由になること、市場に埋没せずに卓越したアイデンティティを提示すること、がしばしばイノヴェーションを進める強い動機です。その意味ではイノヴェーションはひどく政治的だ、ともいえます。市場に埋没することを肯《がえん》じずに卓越を目指すそうした競争は、むしろプレーヤーの顔が見える寡占的競争下でこそわかりやすいかもしれません[7]。

リスクと労働

リスク分担という視点

もうひとつ別の角度からこの問題に光を当てるならば、「リスク」という視点が有益でしょう。『精神現象学』におけるヘーゲルの主と奴の弁証法は、リスクをとることによって「主」となるか、安全と引き換えに「主」に屈する「奴」となるか、という構図によっても解釈できます。リスク論風にこれを解読するなら、ここでリスクを回避したはずの「奴」は、目先の生存と引き換えに、疎外と搾取、生の意味の喪失というリスクにさらされ、その克服のために主への反逆を試みる一方で、リスクをとったはずの「主」は、リスクと引き換えの利益の上に安住して堕落する、という風になるでしょう。これを古典的なマルクス主義の構図に置き換えるなら、リスクをとるのが資本家で、リスクを回避するのが賃労働者、ということになります。

自然環境のもたらす不確実性、という要因を無視するならば（これはもちろん現実の、ことに農業など第一次産業の問題を考えるならば極端な想定ですが）、決まりきった製品を決まりきったやり方で作り、そして売ることにおいては不確実性は相対的に低くなります。それでも、ものを売る際には若干の不確実性、売れないというリスクが付きまといます。更に、新しい技術を開発し、新しい製法を試す、あるいは新製品を開発して売る、という場合には、より大きな不確実性＝リスクが伴います。資本主義的経営、企業活動に際しては、このような不確実性の処理、リスク負担を関係者の間にどのように配分するか、という問題があります。ゆえに非常に大雑把に言えば、そもそも絶対的な資産保有自体が少なく、生計維持において資産運用よりも労働に頼る人々――つまりは労働者が、全体として資本家よりもリスクに対して弱く、リスク回避志向になり、それに対して物的資産を持つ資本家の方がリスクテイカーになる、という想定はたしかに自然です。

ただし、この構図は単純すぎて、会社制度を軸とする現代資本主義の理解にはそのままでは使えません。まず、資本家サイドにもリスクテイカーとリスク回避者がいます。リスク資本はいわゆるエクイティ equity、株式であり、安全資本はデット debt、貸付債権です。株式から得られる利益には変動がつきもので、当然株式それ自体の取引価格も可変的であるのに対して、貸付の方は普通は固定された金利を保証され、額面も固定されています。つまりハイリスク・ハイリターンのエクイティを軸とするリスクテイカーの投資家と、安全資産としての貸付に安住するリスク回避的な債権者が、会社における資本家サイドを構成します。

そして労働の供給側においても、実はこのような異なるリスク態度に応じた多様性があります。固定された報酬をもらう通常の賃金労働者だけではなく、成果に応じて可変的な報酬をもらうタイプの労働者も存在するのです。後者の例としてはもちろん、株主から委任を受けて、業績に連動した報酬を受けるような経営者が考えられます。また先に述べたような専門職能サービスを提供する企業、たとえば弁護士事務所などは、社員が物的資本ではなく、人的資本を持ち寄り、資金よりも労働を企業に対して供給し、労働の報酬は固定賃金ではなく成果に応じて受け取る、という、特殊な労働者協同組合として考えられるわけです。[8]

古代的身分制再訪

しかしながら、ここでヘーゲルに対して、古典古代ギリシアのアリストテレス的な構図を対比させることはもちろん可能ですし、その間にマルクスを置いてみることもいいかもしれません。『政治学』でのアリストテレスに言わせれば、人間には本性上、「主」である者と、本性上、「奴」である者とがいます。君主どころか、市民でありうるのも前者だけです。[9]

ヘーゲルは両者の相互依存と反転可能性を市民社会のダイナミズムの根源に据え、マルクスはそれを階級闘争として理解しました。なぜそうなるかと言えば、広義の労働が人間活動の基本形と捉えられ、市民は（たとえ労働者ではなくとも）労働の主体として理解されているからです。

それに対してアリストテレスにおいては、労働は市民の営為ではありません。市民の活動は労働との対比で言えば余暇です。労働は市民社会の外側、家の中に追い込まれます。この捉え方に従うなら、家の中での「奴」の労働は疎外態ではなく自然であり、労働はただ「主」による支配と自然の双方に服従する、不自由な営みです。「奴」を含めた財産を保有し、その上で労働から解放され、リスクをとって自由に振る舞う「主」だけが市民たりうるのです。この断絶と格差が保持される、というモデルにも相応のリアリティがあります。

ここで概念枠（3）を登場させてもよいでしょう。すなわち、「主」の意志や自然に服従する「奴」の不自由な営為としての労働に対する、自由な「主」＝市民の活動、という区別です。後者にいかなる名を与えるか、がここで問題となります。アレントはそれを行為action（英）、Handeln（独）と呼び、先に見たようにハーバーマスは労働を手段（道具）的行為、後者をコミュニケーション的行為と呼んだわけです。

ヘーゲル、マルクスの労働概念には、両者の間の断絶を超えるダイナミズムを目指すという積極面と同時に、両者の区別をうやむやにし、更に後者を労働に還元しかねないという消極面とがある。このような問題提起として、アレントやハーバーマスの議論を読むこともできるでしょう。更に、ことに社会主義革命への展望が潰えて、マルクス的階級闘争のヴィジョンが消滅はしないまでも大幅に修正を余儀なくされている現在、資本主義の下で格差が延々と持続し、階級社会から新たな身分社会の再生までもが到来しかねない今日、アリストテレス的な暗澹たる構図についても、そのリアリティを担保しておかねばならないでしょう。

資本家の労働

いずれにせよ「労働力商品の売買」という語り方で一括されていた労働の取引の中に、我々は雇用・請負・委任の多様性を、そしてもちろん雇用の中にも更にあるだろう多様性を見出していかねばなりません。マルクス主義の言葉遣いにおいても「精神労働」と「肉体労働」の区別がありました。それがここまで見てきた区別とどのようにかかわるのか、も少し考えてみましょう。

マルクス的な構図の下では、ヘーゲルのみたような包括的な労働は、蓄積された死せる労働であり、生ける労働を支配する資本と、疎外された従属的な生ける労働としての賃労働とに分離して対立します。そのようないわば社会的な制度としての資本を機能させる機関が資本家という人格であり、賃労働の方は労働者です。資本家の行う労働の報酬は、運用する資本の報酬に比べれば取るに足りないので、取り立てて問題とはしない、というのがマルクス流です。

我々はこの、資本家の行う労働を何と呼ぶでしょうか？　経営管理労働とでも呼びましょうか。ルーティン化、コモディティ化の圧力を受ける賃労働者の労働を「肉体労働」と呼ぶなら、それは「精神労働」ということになるでしょう。とは言えこの区別は程度の問題、方向性の問題であって、絶対的な区別ではありません。またそもそもマルクス自身も気付いていましたし、20世紀以降本格的に問題となるのですが、いわゆる「所有と経営の分離」によって経営管理労働も賃労働化します。すなわち、資本家によって担われず雇われた賃労働者によって担われ、資本にではなく労働者の肉体労働の量に対応して支払われるようになります。

経営管理は支配です。既に論じたように、もし仮に労働が果てしなく細分化され単純化され、それを遂行するにあたって迷いはなく指図も必要がなくなれば、経営管理はいらなくなります。労働市場での契約条件通りのことを労働者にさせればよいのです（させるとは言っても指図はいりません。契約に書いてあるはずです。違背した時のペナルティだって、極端に言えば外部化できます。つまり裁判所に訴えて強制執行すればよい）。実際にはものごとはそこまでいかないので、経営管理＝指揮命令が必要になるのです。

もうひとつ、この資本の側に帰属させられる「精神労働」は創造、イノヴェーションです（これにもマルクスは気付くことは気付いていました）。つまり既にある製品をルーティンワークとして作るだけではなく、新しい製品を創出する、あるいは既存の製品についてもその生産工程を革新する（その知識自体がパッケージ化＝知的財産化されれば、それもまたある意味で新しい製品の創造です）ことです。現代的な意味では「経営」とは、組織の経営管理と、革新、イノヴェーションの両方をさすようになっていることに注意しましょう（アレント的に言えばこれは「労働」ではなくむしろ「活動」です）。このような創造労働については、実際には誰が行っているのか、また実際に誰が行っているかとは別に、誰にその成果が権利として帰属されるのか、が知的財産制度上の基本問題となることは言うまでもありません。知識がもっぱら資本家の財産に帰してしまえば、それは搾取の誹《そし》りを免れがたい一方で、労働者の財産になるならば、搾取の問題が消えるかというと、もちろんそのように単純な話にはなりません。その場合、労働者はある意味、知識資本を所有する資本家となるわけですから。

ロック、スミス、マルクス

ここまで考えるならば当然、マルクス主義風に言えば労働と資本、より広いコンテクストを意識して労働と財産との関係について整理しておくべきでしょう。マルクス、そしておそらくはスミス的な構図に従うならば、生産力の基盤、経済学的に言う生産要素は労働、資本、土地の三種類に分かれます。このうち労働は、スミス、マルクスにおいてはおそらく、財産、資産とは見なされていません。つまり果実をもたらすものではあっても、それ自体では実体のある元物とは見なされていないようです。マルクスも、フローとしての労働とストックとしての労働力を区別したように見えつつ、結局労働力自体も商品、つまり丸ごと売り渡されるフロー、コモディティとしてしまいました。

いずれにせよスミスもマルクスも、フローとしての労働（そして労働力）を生み出す源泉としての人間それ自体については財産としての位置付けをはっきりとはしなかったわけですが、労働それ自体は資本の源泉であり、労働の生産物の集積としての資本は、究極的には蓄積された労働と位置付けられました。それに対してもちろん土地の方は、それ自体は労働の生産物ではなかったわけですが、労働にはある種の特権性が与えられていたのはたしかです。

そのような特権性はおそらく、少なくとも部分的にはロックの労働所有権論、労働を財産所有権の根拠、権原とするという考え方から来ています。しかしながら既に見た通り、ロックの世界観とスミスやマルクスのそれとは相当に異なっていることに注意しなければなりません。ロックによれば労働、おそらくは人の身体それ自体が人の財産、所有の対象として位置付けられ、それゆえに労働の生産物の所有権の権原となる、というロジックですし、またロックの言う「労働」の中にはわかりやすい生産活動だけではなく、土地の保全、のみならず近代人の多数意見としては「労働」に数えないであろう、単なる占有取得までも含まれています。

おそらくロックの本意は以下のようなものです。彼は、ヘーゲル以降の近代人ならば「市民社会」と呼ぶであろう、複数の主体が共通の法の下に対等な市民として交流する社会の基盤を、財産の所有、に置こうとしました。これはアリストテレスを含めた古典古代、ギリシアのポリスや共和政ローマを継承していると言えます。ただしそこでロックは財産権の根拠、法学風に言えば権原を、いま現に保有しているという事実（占有）とか、あるいはホッブズのように社会契約にではなく、より根底的なレベルとしての労働に基づけようとしたのです。その際のロックの動機には、よくわからないところもありますが、おそらくは人間なら大体誰でもがある程度平等に持っているはずの身体、そして労働を、究極的にはあらゆる財産の権原とすることによって、古典古代とは異なる、万人が市民であるような市民社会を構想しようとした、というところでしょう。[10]

スミスやマルクスは、ロック的な「所有の究極的な権原は労働である」という発想をある程度意識してはいたかもしれませんが、少なくともスミスは前面には出しませんでした。しかしながらスミスにおいては明確に、個人の労働は市場で自由に取引される商品として位置付けられたので、労働は市民社会への参加の根拠として明確に位置付けられたとは言えます。この点については当然マルクスも引き継ぎ、より強く「労働こそが所有の権原なのであるから、資本家による富の搾取は不当であり、労働者の元に不当な搾取は返されねばならない」としたわけです。「私的所有（私有財産）privates Eigentum, private property」という語を避けて「個人的所有 individuelle Eigentum, individual property」というよくわからない造語を行った理由も、このあたりにあるのかもしれません。

「人的資本」というアイディア

20世紀の経済学には、実体としては個人、自然人の人身から切り離せないはずの個人の労働能力を、マルクスのいう消費されるフローとしての「労働力商品」とは異なり、「人的資本」という必ずしも消耗せず、蓄積も可能なストックとして概念化することで、資本や土地との対称性を確保する一方で、土地はもちろん、資本までも、労働には還元しきれない独立した固有の存在として位置付けます。これをロックやマルクスからの前進とみるか、後退とみるかは難しいところでしょう。[11]

あえて図式化して、労働を軽視して土地を中心とする財産所有を重視するのが古典的な市民社会観だとしたら、ロックのそれは財産所有の権原を本源的財産としての労働に基づけたものです。マルクスはそれを一層ラディカルに推し進め、労働せざる者の所有権を否定しました。先に触れた「私的所有」と区別される「個人的所有」という概念がそれにあたるといえるでしょう。それに対して20世紀の経済学が暗示するのは、土地や資本などの物的資産も、無形の人的資産や知的所有権も等しく財産と位置付けるという立場です。

更に20世紀には、所有権、財産権そのものを大して意味のないものとその地位を切り下げ、経営管理や創造を含む広い意味での労働を基軸とする社会構想も勃興しました。それがいわゆる産業社会論 Theory of Industrial Society です。

産業社会論（1）

産業社会論的な労働イメージは、ある意味でヘーゲル的な、疎外される前の本来的な労働のイメージ、資本と賃労働の対立、経営と雇用労働の分離を超えたものであると言えます。実はコジェーヴも、そしてコジェーヴに私淑する、産業社会論凋落後の時代の論客であるはずのフランシス・フクヤマも、このイメージを受け継いでいます。[12]

非常に早い時期の産業社会論の代表者というべきピーター・ドラッカーが、第二次世界大戦直前、ナチスが破竹の勢いだった時期に上梓した『経済人の終わり』で憂慮したのは、古典的リベラリズム、私有財産と市場取引に基づく経済と、私有財産によって自律した市民の討議による政治への信頼の失墜であり、ファシズムはそこを突いたと言えます。そしてファシストもドラッカーも、私有財産と市場の時代は終わり、産業と組織の時代が来た、という時代認識自体は共有しているのです。[13] ドラッカーは、独裁化しない、自由を侵害しない産業社会を構想することによって、ファシズムに抵抗しようとするのであり、古典的リベラリズムに回帰しようとはしません。[14]

繰り返しになりますが、ロックやヘーゲルにおけるような、労働を本位とするリベラリズムは、ある意味で古典的な共和主義の市民社会ヴィジョン――私有財産に立脚した市民の自律――であると同時に、その排他性――無産者は有産者市民の従属民となるか、市民社会の身分秩序から外れた賤民となるかしかない――を克服しようとするものである、と言えます。すなわち、財産が財産たる根拠は労働にこそあるのだ、と。しかし形式的には資本や土地と対等な財産としての――建前としてはそれらに優越さえする――地位を獲得した労働も、資本とは違って蓄積されず、格差を乗り越える力を持たない。

そこを突いたのがマルクスです。資本の源泉たる労働が資本の支配を脱し、資本の主となる。これを目指すとして、ではどうやって？　その具体的な手立てをマルクスは欠いていました。マルクスが何となく抱いていた資本家支配に対する代替イメージは、ひとつは労働者による協同組合であり、いまひとつは、市場を廃して経済全体を一個の経営体となし、その意思決定を民主化する、というものでした。いずれにせよ彼は「労働者主権の社会」を作ろうとしたのです。

ドラッカー、ファシズムとの闘い

産業社会論はどうでしょうか？　戦後の平和な時代における穏健な産業社会論は、正統派のマルクス主義と同様、技術の発展、生産力の拡大を独立変数、社会を動かす原動力と見なします。マルクス主義の場合に社会経済体制が従属変数とされ、生産力の発展段階に応じて最適な社会経済体制――喫緊には、資本主義か社会主義か――が決まる、とされていたのに対して、産業社会論においては、資本主義でも社会主義でもどちらでも構わない（差はあるが程度の問題に過ぎず、絶対的な優劣がつくとは限らない）と考えていました。ただこの考えをとると、どうしても所有と市場の意義、そして資本家の役割は軽くなってしまいます。では産業社会論では、労働者の立場が向上するのでしょうか？　そこはかなり微妙です。産業のリーダーシップの座から資本家は滑り落ちますが、その代わりに労働者がその座に上るのではなく、経営管理者、技術者という別の存在が登場するからです。問題は「労資」関係から「労使」関係となり、所有ではなく官僚制となります。産業の現場は企業組織であり、所有と市場はその外側を律しこそすれ、その内側では無力である――そのような図式が透けて見えます。

ただこのような移行を、戦後の産業社会論はあたかも平和なものであるかのように捉えましたが、先に示唆しましたように、実際にはそう単純ではない。ドラッカーはこれをまさに危機と捉えていました。市場中心の社会、ドラッカーに言わせれば「商業社会」の無理を克服して、しかしマルクス的社会主義とも違う新しい「産業社会」を打ち立てようとした試みが、まさしくファシズムだったのです。

ドラッカーによれば、資本家は新しい企業社会の支配者の座から滑り落ち、実質的に経営者層がその代わりに、デファクトな支配者の座に上りつつありました。にもかかわらず、それはあくまでもデファクトなものであり、経営者の支配権力を正統化する政治思想、社会理論が不在のままである。これが勃興しつつある産業社会にドラッカーが見出した危機でした。自由な市場経済の機能は低下し、かわりに官僚制組織の影響力が民間のビジネスにおいても、国家レベルの政治においても強まっていたのに対して、相変わらず市場経済の正統的な支配者は資本家とされ、国家主権の担い手も国民とその代表者たる政治家たちとされて、現場で実務を担う組織人たちの役割に対する社会的な位置付けが確立していないのだ、と。ナチス、つまり国家社会主義ドイツ労働者党の任務のひとつは、そうした現場の組織人たちの正当な位置付けであった、と解釈できます。（のちにナチスと決裂したものの）ドラッカーによってナチスの理論的根拠付けを与えるものとされたエルンスト・ユンガーの『労働者』の議論はそのように解釈できます。マルクス主義とは異なり、社会主義的な労働者政党ではなく、拡張主義的戦争機械としての国家がその担い手とされてはいますが、ユンガーの言う労働者は、財産所有に立脚し自由な市場で活躍する個人ではなく、まさに組織人です。そうした組織人が主役となる社会の構想として、『労働者』を読むことができます。[15] そしてドラッカーのライフワークは、同様の課題をもっと平和的に、破滅を回避する形で追究することだった、と言えるでしょう。[16]

新たな正統？

産業社会論は統一的な原理論を共有しているわけでも、強い政治的党派性を帯びているわけでもない、ゆるい学派、というより、傾向 trend です。社会学出自の論者の場合、タルコット・パーソンズの構造機能主義的社会システム理論[17]の影響はしばしばみられますが、システム統合よりもコンフリクトを重視するラルフ・ダーレンドルフなど顕著な例外も目立ちます。[18] あるいは「インダストリアリズム」の語を生んだ共同研究主宰者のクラーク・カーやジョン・ダンロップの出自は（旧）制度学派経済学で、経済学と社会学などの折衷が目立ちます。[19] ドラッカーや、あるいは「イノヴェーション」の語の生みの親というべきヨゼフ・シュムペーターなども独自のスタンスをとっています。[20] 日本の村上泰亮の場合も、経済学と社会学の折衷という色彩が濃厚です。[21]

それでも具体的な対象とか、あるいはメカニズムをモデル化する理論の共有まではいかずとも、ある程度の基本概念の共有、あるいは歴史観の共有といったものは、そこに認めることはできます。ひとつには社会における「最終審級」のようなもの、マルクス主義でいうところの下部構造としての経済などの存在を認めず、社会を多元的なシステムと見なそうという姿勢。また、そうした社会を構成する諸契機において、それぞれある程度独立に「近代化」――経済なら市場化、産業化、政治なら法制化、中央集権化、民主化、また宗教（と他の社会的諸領域との間の関係）においては世俗化――のプロセスが並行して進む、という「趨勢仮説」。更には時代認識として、20世紀に入って、西洋先進諸国の社会は大きな転機を迎え、古典的なマルクス主義が想定するような社会ではなくなる、それこそドラッカーが指摘したような「経済人の終わり」、所有と市場が中心の社会ではなく、組織が中心の社会に移行している、という了解。

以上の想定の下、ここでは強引に、かつ後知恵的にまとめてみましょう。[22] 結局のところ産業社会論の20世紀社会論のポイントは、経済に注目すると、要するにサービス化、知識集約化の中で、私的所有権制度、市場経済の枠に収まりにくい情報技術、あるいは知的財産や人的資本のウェイトが高くなって、従来の自由な市場経済の優位が低下していく、というものでした。知識という財は、私的に占有し独占することが難しく、また普及することによる正の外部性――所有者以外にもその恩恵が及ぶ、また所有者が増えることによって、競争の結果その価値が低下する効果を上回るほどその生産性が上がる（一一四ページも参照）――が高いので、私有財産制度、ならびにそれに立脚した自由な市場経済体制の下では、過少生産となりやすい。あるいはまた、知識の流通を支えるネットワーク・インフラストラクチャー産業は、規模の経済が強くはたらくため、政府などによる規制がなければ独占に導きやすい。それゆえに「知識産業」の時代には、私的所有制度と自由な市場経済は時代遅れとなり、資本主義体制と社会主義体制は互いに収斂していく――このような展望を産業社会論は提示しました。

産業社会論(2)

産業社会論の蹉跌

では、このような展望を支えるロジックはどのようなものだったのでしょうか？　実のところそこはあやふやでした。先に触れた「趨勢仮説」ですが、そのような趨勢、傾向を生み出す原動力についての明確な理論が、実はそこには欠けていたのです。経済、産業に限ってみても、何とはなく無前提に、少なくとも産業革命以降は、資本主義の下でも社会主義の下でも、ひたすら科学技術は発展し、その応用によって生産力も、なぜかはわからないけれどもひたすら上昇していく、そのような想定があまり反省なく置かれていたようです。実のところそうした無反省は、マルクス主義にも共通したものでしたが。おそらくは経済に限らず社会の全領域において、そのような趨勢としての近代化プロセス――社会の全般的な官僚制化、政治における民主化と中央集権化、学問の発展、宗教の私事化と社会全般の世俗化、等々——の進行を、あまり深く考えずに前提したことが、いまから振り返れば、産業社会論最大の弱点でした。

おそらくは産業社会論者の中でも、新古典派経済学に立脚していた論者の場合には、ただ単に「趨勢」の継続を無前提に想定するには終わらず、オーソドックスな経済成長理論の場合と同じように、合理的経済人の効用最大化を経済成長の原動力としてイメージしていたと思われます。ただ、外部性や規模の経済などの「市場の失敗」が強く作用する知識産業、情報産業中心の経済社会においては、政府による規制、介入が強くならなければ、十分な経済成長は見込めず、事実そのような市場への政府介入は強くなるだろうし、非営利部門のウェイトも高くなるだろう、と想定していた論者が多かったのではないでしょうか。

Market matters, property matters

この予想は結果的に外れたのですが、それがどういうことなのかをもう少し考えてみましょう。[23] ひとつには、自由な競争の技術革新に対する刺激は、やはりバカにならなかったということが当然挙げられます。ネットワーク産業における寡占化、市場の競争の劣化の懸念も、思ったほどのものではありませんでした。もちろん寡占、独占による消費者の搾取がなかった、というわけではありません。仮に寡占化による競争の鈍化があったとしても、技術革新をひどく停滞させるほどのものではなかった、ということでしょう。更に激しい革新が続く中、産業構造そのものが転換していく世界にあっては、特定の業種での独占的地位を確保したからと言って、競争から自由になれるわけでもありません。

更に考えておくべきは、やはり財産権、所有権制度は大事だった、ということです。新しい知識やスキルは、財産権制度にはうまく乗らない、という想定が産業社会論にはあったわけですが、学歴が上昇し、高等教育のウェイトが高まってくると、そこでは外部効果が弱まり、市場的競争や受益者による費用負担の論理が、強くはたらくようになってきた、と言えますし、また著作権、特許等の知的財産権制度も進みました。

更に重要なのはコーポレート・ガバナンスのクローズアップです。「所有と経営の分離」「経営者支配」が標榜されたときには、暗黙の裡に、一定の規模や技術レベルに達した企業はそう簡単には潰れないし、またそのような巨大企業が支配的になった時代には、起業、新規参入もどんどん困難となる、という想定がなされていたと思われます。しかしながら20世紀末以降の展開は、ことに金融革命からのM&A（Merger and Acquisition 合併・買収）ブームやあるいは情報通信革命のなか、大企業でも潰れたり、合併や買収を通じて消滅したり、あるいは新技術のみならず、思い切った金融的手段を動員しての資本調達・起業（いわゆる「スタートアップ」）から急成長する企業が登場したり、と「大企業は安泰で永遠である」という想定のリアリティはあっさり崩れました。つまり、競争に敗れた企業を解体したり再生させたり、あるいは新しい企業を作る、という仕組みの重要性がクローズアップされたのですが、そこで改めて「財産権、所有権は大事だ」ということが明らかになったのではないでしょうか。市場社会主義には、倒産処理と起業のためのきちんとした制度がなかった。しかし産業社会論は、その違いを問題とすることができない枠組みだったのです。[24]

法人企業と市場

スタティックな所有、財産を軽視し、ダイナミックな労働を、マネジメントを、イノヴェーションを重視するのが産業社会論の身上だったとすれば、結局それは、財産権が初めて可能にするより苛酷なダイナミズム——企業体そのものの生成消滅——を軽視していたというわけです。実際、先のリスク論的な観点からするならば、ダイナミックな労働の担い手こそが、生活の安定のためにリスクを回避してスタティックな固定報酬を求め、安定資産の所有者の方こそが、リスキーな投資に手を出しやすいことは、見やすいことです。

古典古代やロック的世界では財産の典型・基本形は土地であったのに対して、スミスは物的資本の方をこそその典型としました。それに対して20世紀以降の財産の典型は、あえて言えば法人企業そのものです。この法人企業への主役の移行ゆえに、産業社会論は財産権、所有権の地位低下、機能低下と経営管理優位の世界の到来を展望しました。しかしながら金融革命、更に情報通信革命以降の世界は、改めて、法人企業の経営における所有権問題——より広く言えばコーポレート・ガバナンスの重要性を明らかにしました。更には知的財産制度の発展によって、知識・情報も市場経済の中に組み込まれていきます。一時は空虚な過去の遺物であるかのように扱われた私有財産制度は、依然として我々の社会の屋台骨であることが明らかになりました。

しかしながらそこでの財産の典型は、繰り返しますが、法人企業です。「法人」とは、具体的な物的資産をたくさん保有していますが、それ自体は実体を欠いた抽象概念でもある、非常に奇妙な存在です。しかも法人企業は、自らもまた資本家として、財産所有者としても振る舞います。

言うまでもなくこの法人企業の存在感が、産業社会論のリアリティを裏打ちしていました。むろんもうひとつ重要だったのは、やはりある角度から見れば一種の法人、法人の仲間である「国家」の存在です。国家と法人企業が、生身の自然人を超えた不滅の存在として、自然人に代わって市場経済の主役の座に就いたがゆえに、産業社会論の「所有は問題ではない（問題は経営管理だ）」という発想が成り立ちえたのだ、と言えます。ちなみに国家についていえば「政治の主体が本来の国家主権者（市民革命以降は人民、そうでない場合には君主）ではなく、行政官僚に移行した」という行政国家論、そのコロラリーとしての管理社会論が、産業社会論のカウンターパートになります。

1980年代以降の「コーポレート・ガバナンス」の流行はこの潮流に対する歯止めと反動だったわけですが、それは何を意味したのでしょうか？　とりあえず資本サイドに焦点を当てましょう。エクィティとデット、会社の所有者としての株主と、債権者との違いは何でしょうか？　株主は株主総会に対して議決権を持つ、会社経営の主権者です。そして株主が会社から得られる利益は、会社の業績次第で上限がありませんが、うまくいかなければ無に帰してしまいます。そのような意味で株主はリスクテイカーでもあります。それに対して債権者は、決まった金利での貸し付けを行い、得られる利益はあらかじめ決まっており、会社の経営に口を出す権利も本来ありませんが、その代わり債権の安全は強く保証されています。かつて産業社会論においては、この株主と債権者、エクィティとデットの違いが、どんどんなくなっていく、とされていました。株主もまた債権者と変わらず、配当さえ保証されれば会社に対して何も言わない受動的な存在で、経営者たちは一定の条件をクリアしていれば、つまり債権者には安定した返済、株主には最低限度以上の配当とキャピタルゲインを保証していれば、それ以上の制約を金融市場から受けることはなく、経営においてフリーハンドを確保できる――そのように想定されていました（付言すれば、バブル崩壊前の日本型企業社会論も同様でした。大企業は株式の相互持ち合いによって株主主権の制約から解放され、更にメインバンク制によって債権者の制約も抑制することができていた、というのです）[25]。

ところが、既に述べたように、技術革新と産業構造の転換の波は、不滅の大企業が次々に組織を革新し業態を転換していくだけでは乗りこなせなかった、というところがひとつのポイントです。そもそも既存の大企業が新規事業に進出する際も、社内に新事業部門を作るより、子会社などを別法人として立ち上げる、という選択が主としてリスク分散のために行われるのは常であり、失敗すれば親会社から切り捨てられることもままあったのですが、長い目で見たとき、成長した子会社の方が親会社よりも大きくなり、逆に不調となった親会社を救済するようなケースも見られました。既存の会社を潰す、そして新しい会社を立ち上げる際には、やはり会社清算後の資産や負債を引き受け、新しい会社の資本金を出す主体が必要です。もちろん理論的にも実際にも、それらが自然人である必要はなく、他の会社が引き受けてもいいわけですが、やはりカテゴリカルに会社、法人とは別種の存在としての自然人がいた方がすっきりはします。あるいはこういうべきでしょうか――不滅の法人企業の存続を前提としてしか動けない従業員だけではものごとは廻らず、会社そのものの外側に立ち、それを売り買いしたり、創立したり解体したりすることができる存在が必要なのだ、と。産業社会論者の主張とは異なり、私的所有権制度や市場経済は、技術革新に対する単なる桎梏《しっこく》ではなく、むしろ他に代えがたいインフラストラクチャーだった、ということです。

しかしそうだとすると、マルクス的な問題が再び舞い戻ってきます。やはり相変わらず資本主義体制は強い、となれば、産業社会論の枠組みでは、エリートと質的、身分的には変わらない組織人としての地位を与えられたはずのノンエリートの雇用労働者が、その中では形ある財産を持たない二級市民としての処遇に貶《おとし》められることになります。

「人的資本」なるコンセプトには、そのような労働者をも擬制的な財産所有者として位置付けよう、という祈りのようなものを感じ取るべきなのでしょう。しかしここでも、人的資本をエクィティとして運用できるエリートと、デットとして扱うのがせいぜいのノンエリートの間の違いは無視できないことになるでしょう。

3

機械、ＡＩと雇用

ＡＩ化の前に

このあたりでそろそろ、労働・雇用に対してＡＩ化が与える影響の問題についての議論に移るべきでしょう。とは言っても、すぐさまＡＩ化の問題に移る前に、それこそヘーゲル、マルクス以来、あるいは産業革命以来というべきでしょうか、経済学、社会学、人類学、経営学等において、職場、生産現場への機械の導入、生産の機械化が、雇用に、また人々の働き方その他の生活にどのような影響を与えたか、については膨大な議論の蓄積があります。我々はＡＩ化について慌てて論じる前に、まずはこちらについて、すなわち産業革命以来の機械化、更には現在のＡＩブームに先立っての産業・労働のコンピューター化についておさらいをしておいた方がよいでしょう。その上で今日憂慮されているＡＩインパクトが、果たしてこれまでの機械化の歴史と比べたとき、どのような新奇さを持っているのかあるいは持っていないのか、を考えてみることが必要です。

ここまでの議論を踏まえるならば、資本主義の下での労働・雇用とそれに対する機械化、更にはＡＩ化のインパクトを考える際には、いくつかの焦点を定めて、問題を分節化しておいた方がよいことが予想されます。

機械化のみならず市場における分業の進行、更には企業組織の官僚制化に伴う組織内分業の展開などを踏まえたとき、まず問題となるのは労働の単純化、コモディティ化です。これはいわゆる機械を導入しなくとも、それこそ比喩的な意味での労働の「機械化」と言える現象です。「機械」という言葉をそれこそ哲学的に拡張して、ルイス・マンフォードやドゥルーズ&ガタリのように、官僚制を含めた人間社会の組織なども意味する概念として用いるならば、比喩ではなしにこれは「機械化」です。[1] 労働現場への機械の導入は、しばしばこのような意味での「機械化」つまり労働内容の単純化、コモディティ化を引き起こしますが、更にはそうやって単純化された労働、職務、作業は、それ自体機械によって代替される可能性が高まります。その場合、労働が質的に変化するだけではなく、量的にも労働需要が、雇用が減ることになります。

これが産業革命以来、産業・労働の機械化が雇用に対して引き起こすネガティヴなインパクトとして、真っ先に、かつ繰り返し論じられてきた問題です。AI化について考える際にも、当然この問題系はクローズアップされます。AI化によってこのような傾向、人間の労働の単純化に拍車がかかるのか、従来機械化され、単純化されてこなかった領域にまで機械化は及ぶのか、またそれは雇用の減少につながるのか、といった懸念が浮上してきます。

そして第二に、もちろん上記の問題系と深く関連はしますが、相対的に別の問題として押さえておくべきは、以下のようなことです。先に論じてきたように、産業革命以降の資本主義を考える際に重要なポイントは、単なる機械化の進行ではなく、次々に新しい技術、新しい製品、新しいサービスが開発され、産業構造、職場・労働現場、そして消費生活も時々刻々と変化していく、ということです。その中での労働は、産業のリーダーシップをとる経営者や起業家、研究開発部門においてのみならず、中堅以下から末端の雇用労働者においても、日々一定不変ではないことはもちろん、すべてが、単純に機械化され、標準化され、つまりはコモディティ化するのみとは限りません。ある種の労働はたしかにコモディティ化され、企業組織から外部化されて非正規化・請負化していきますが、どうしても組織の中に囲い込まれ、正規従業員として、経営者の指揮命令下で弾力的な働き方を続けねばならない層もなくなりません。

つまりは、機械化、そしておそらくはＡＩ化によってもエリート層の「自由な労働」と、それと裏腹な中間層の「不自由で（末端や非正規とは異なり）不定型な労働」はなくならないだろう、と常識的には予想されます。仮にＡＩ化が、これまでの機械化と質的に異なる現象ではないとすれば、ですが。しかし本当にそうなのか？　先の「機械化・ＡＩ化によって雇用は減少するのか、また賃金や労働条件はどうなるのか？」とはやや異なる問題、「機械化・ＡＩ化によって企業組織・職場の権力構造はどのように変容するのか？」もまた、考えておかねばなりません。

ＡＩブーム概説

機械化としてのＡＩ化

「機械（含む人工知能）は決して人間に取って代わることはない」

この警句を我々は散々聞かされ続けてきましたが、その間にもどんどん機械が人間に取って代わるところを見せられてもきました。20世紀半ばまではそれでも「機械が取って代わられるのはせいぜい『肉体労働』までであり、『精神労働』は人間にとっての聖域のままである」との言い訳が通用してきました。しかしながら情報処理を主務とするコンピューター、その延長線上に人工知能技術が出現して以降、「精神労働」の領域にまでもどんどん機械は進出していきます。当然、「人間にしかできないこと」の領域はどんどん狭まっていきますが、にもかかわらず「機械（含む人工知能）は決して人間に取って代わることはない」論者は相変わらず意気軒昂です。削り取られた分、人間に残された領分の神秘性というか、賭け金はかえって吊り上げられているという趣もあります。

ＡＩ化はさておいて、まずは労働・雇用に対する機械化全般のインパクトについて見ていきましょう。先の考察を踏まえるならば、まずは、コモディティ化されやすい単純労働のうちの、その手順を言語化し、ひいてはプログラム化しやすいようなものが機械化されやすい、と言えるでしょう。製造技術の発展や、組織革新を通じて、もともとそのような性質を備えていた仕事のうち、大雑把に言って機械化のコストが低いものからどんどん、機械に置き換えられていき、コストが高くて人間の方が安くつくようなものがそのまま残される、と考えてよいでしょう。ただそうやって「機械より安くつく」人間労働の領分は、どんどん狭められていく、というわけです。

ここで考えるべきは、ひとつには、ＡＩ化が機械化コストの低下を早めるのか、そうやって労働の置き換えのペースも上がるのか、でしょう。

そして第二には、こちらこそが本丸でしょうが、従来は容易に言語化、プログラム化できず、したがって自動化、機械化できなかったような仕事が、どの程度AIによって自動化、機械化できるようになるのか、について考えねばなりません。ややこしいことにこうした「その手順を言語化し、ひいてはプログラム化しやすいような」「コモディティ化しやすい」労働の中には、請負に回されやすい単純労働、人間にとっては容易な労働もあれば、専門職能によって担われるタイプの業務もある、ということです。

別の言い方をすれば、機械化の手が付けられたのはまずは肉体労働の代替であったわけですが、そうなると、これがAIとは言いません、いわゆるコンピューターの出現以降、精神労働の領域に拡大してきた、という風に言うことができます。しかし一口に「精神労働」とは言ってもいろいろあります。精神労働の代替はどこから手を付けられたのでしょうか？

それは何といっても情報の（主としてデジタルな形で）整理した上での蓄積（データベース化）と、計算です。

「論理学の機械化」から「統計学の機械化」へ

初期の人工知能ブームにおける人工知能思想、今日風に言えばGood-old-fashioned AI、GOFAIを我々は「論理学の機械化」と呼ぶことができます。そこに透けて見えるのは、人間的知性の核心、というよりもっともありがたい部分を論理的推論に求め、人工知能を「正しい推論をする機械」として制作しようという発想です。それはある前提知識から、推論によって新しい知識を（語弊がある言い方ですが）作り出そうというものですが、推論に投入する前提知識自体は、機械がではなく、人間が経験し、学習して投入せねばなりません。その投入の泥臭い手作業は、基本的に人間の仕事です。そして、そもそも何を前提知識として機械に投入するか、という意思決定も、これまた当然人間の仕事です。「入れられた情報を処理する」のが機械の仕事、「機械に入れるべき情報を選択する」ことと「機械に情報を入れる」のが人間の仕事、と分けることができます。そして人間の仕事もまた「精神労働」たる前者と「肉体労働」たる後者に分けられているところがミソです。

そしてもちろん、それ以上の「精神労働」、人間に残された聖域として特権化されていたのは、「創造」です。ただし、そもそも「創造」とは一体何か、ということ自体は定かではありません。例としては芸術作品の制作、科学的研究、技術的発明ですが、それが具体的にはどのような営みであり、なぜ機械によって代替されないのか、は十分に論じられてきたとは言えません。ただ上の言い方に引き付けて言うなら、ＧＯＦＡＩ的発想の下では、それは「機械に入れるべき情報を選択する」ことと、「情報自体を作り出すこと（まさしく創造）」であるということでした（ある特定のタイプの形而上学を前提とするなら、後者の意味での創造も実は「可能世界からある特定のひとつを現実世界として選択すること」に他ならないわけですが、それについてはここでは論じません）。

それに対して、現下の第三次人工知能ブームの基盤技術である機械学習は「統計学の機械化」である、ということができます。[2]

非常に皮相なレベルから見てみましょう。機械学習の利用によって従来よりも容易にできるようになったことのひとつに、現実に存在するものごとの「分類」があります。たとえば、人間には主として視覚によって容易にできてしまう犬と猫との識別が、従来のコンピューターにとっては容易なことではありませんでした。従来型のやり方では、犬と猫それぞれについての特徴を表す指標（たとえば画像データから何とかわかる範囲で言えば、体長だの体色だの体の形状だの……）を数え上げて、それを機械に入力する、というやり方をとることになりますが、一体どんな特徴指標を入力してやればいいのでしょうか？　我々人間は無意識に、無自覚に、何ということはなしに、かなりの確度でもって犬と猫を識別できますが、その際に、どうやってこの識別作業をしているのか、自覚してやっているわけではない。自覚してやっていない以上、それを明示的に言語化、プログラム化して機械に教え込んで、まねさせることはできない。

では今日の機械学習技術は、どうやってこの難関をすり抜けているのか？

ニューラルネットワークは何をしているのか[3]

機械学習の基本的技法としてある意味もっともわかりやすい「教師あり学習 supervised learning」においては、まずは問題と解答のセットからなる「訓練データ」を機械に与えて、基本的には重回帰分析の要領で、問題と解答をもっとも無理なく（できる限り小さな誤差で）結びつける関数を求めさせます。もとよりこの関数は、問題と解答の間の真の関係を表すものではなく、手元のデータから得られる最良の近似にしか過ぎません。ただ、一定の条件の下では、やろうと思えばこの近似をいくらでも正確にしていくことが可能であることは、保証されています。言うなれば機械学習のシステムには、「誤差をできるだけ小さくする」というゆるい目標を達成するために、相当大きな自由度が与えられていて、人間の直接の指示なしに勝手に作動するのです。

ポイントは、この関数の具体的な形状は、人間が考えて与えたものではない、ということです。人間が与えたのは関数を近似するための基本的なストラテジーであり、具体的な関数の形状（適当な初等関数の組み合わせですが）は機械が求めます。

更に付言するならば、現在の画像認識においては、特徴指標それ自体を人間が選び出すことはありません。ただ画像を与えるだけです。画像データは、たとえば百万画素ある白黒画像であれば百万次元（カラーであれば三原色の×3で三百万次元）のベクトルとなります。これが「問題」であり、それに対応する「解答」が「犬／猫」であれば、それは言ってみれば0か1かのいずれかの値をとる一次元ベクトルです。現代のいわゆる「深層学習 deep learning」で用いられる多層ニューラルネットワークは、独立変数が百万とかそれ以上のオーダーに上る巨大な回帰式を導出するわけです。実際には計算を多段階で行いますから、いきなり百万次元空間を一次元空間に対応させるのではなく、途中でそれを一万次元程度、百次元程度、という風に少しずつ縮約していくわけであり、そうした途中経過において、人間にも理解可能な特徴指標に近いものが出てくることもあるでしょう。しかし機械は別に、そうした特徴指標を見つけ出すことを目標としているわけではないことがミソです。それはあくまでも、誤差の少ないよい近似を求めるに際しての副産物にしか過ぎません。

そして、そうやって「訓練」を潜り抜けた機械は、独自に犬と猫を識別する回帰式を作り上げたわけですから、今度は新しく適当な画像を与えられれば、それが犬か猫かを自力で識別できるようになっていることが期待できます。いわゆるベイジアンの考え方に則れば、このような作業をどんどん繰り返していけば、より予測精度が上がっていくことが期待できるでしょう。

しかし今日の「深層学習」においては、「教師あり学習 supervised learning」だけではなく「教師なし学習 unsupervised learning」も盛んに行われていることはご承知の通りです。これはどのような技術かと言えば、回帰分析より、多変量解析を念頭においていただくとわかりやすいでしょう。ここで言う多変量解析は、回帰分析とはあえて区別して、変数空間の次元縮小を目標とするもの、具体的には主成分分析や因子分析のことを指します。

重回帰分析は、典型的にわかりやすい例としては、複数の独立変数を「原因」、一個の従属変数を「結果」と解釈できるように配置して、独立変数となっているそれぞれの要因が、従属変数の変化にどれくらい影響を与えているのか、を見ることができるようにします。それに対してここでいう多変量解析は、たとえば元の変数空間が十次元とか、それこそ百万次元のように膨大である場合に、できるだけ元の情報（具体的には、変数空間内に散らばっている要素データ同士の間の距離とそのパターン）を保存しつつ、もっと小さい次元、それこそ人間に直観的にイメージできる二、三次元程度の空間に縮約することを基本的な目標とします。運が良ければそれは「表層には表れない隠れた本質」のようなものにぶつかるかもしれません（たとえば、かつての心理学者や教育学者は、複数科目の学力テストの点数の背後に、たったひとつの「知能」という本質を見出せないか、と期待したわけです）。

「教師なし学習」の場合にはたとえば、先ほどの「教師あり学習」の場合のような「犬／猫」という回答とセットになった問題としての画像が機械に与えられるのではなく、ただ単に犬だの猫だのが写った大量の画像だけが与えられ、それを「適当に」分類するという使命だけが下されます。この場合に威力を発揮するのが多変量解析のストラテジーです。できるだけ元の情報、その特徴やパターンを保存した形で、データ空間をよりシンプルにすることによって、データはおのずといくつかのグループにわかれてくるかもしれません。

AIと生産現場の変化

人間には簡単で、機械には難しかったこと

やや機械学習の解説に紙幅をとってしまいましたが、本題に戻りましょう。機械学習技術によって新たに置き換えられつつある人間の「労働」とは、一体どのようなものでしょうか？　まずは、既にみた通り、人間には圧倒的に容易であるにもかかわらず、かつて機械には困難だった「分類」「識別」作業が挙げられます。たとえば、商品をいちいち袋詰めせず、バーコードなども貼らない小さな手作りベーカリーでの会計は、商品を熟知した人間の売り子さんがやるしかありませんでしたが、近年開発された菓子パン・調理パンの画像認識システムは、レジスターでの会計処理を大幅に効率化していま す。従来であれば人間の売り子さんがパンを識別して、会計データをレジスターに入れていた（先の言葉遣いでは「機械に入れるべき情報を選択する」「機械に情報を入れる」）のに対して、このシステムによって識別も、そしてもちろん入力も機械化されていくわけです。こうなると人間の売り子さんの基本的な仕事は、この手作りパン識別システムが「教師あり学習」であった場合でさえ、機械を訓練するところで終わってしまうことになります。もちろん「教師なし学習」で機械に勝手にパンの分類

識別をさせることも可能でしょう。その場合人間の仕事は更に減る可能性があります。[4]

人間にとって難しい仕事は、機械化するのも難しい、というわけでは必ずしもなく、逆に人間にとってはいともたやすい仕事だからと言って、機械化しやすいかというと、必ずしもそういうわけでもありません。大雑把に言えばその手順がきちんと分析され、言語化され、プログラムとして書き出せるような仕事は、それが人間にとってやさしかろうが難しかろうが機械化しやすく、逆に人間にとっては至極簡単にできるからと言って、その手順を言語化できず、プログラム化できないような仕事は、人間にとってやさしかろうが難しかろうが機械化が困難です。

ＡＩブームに先立つＦＡ（Factory Automation）化、ＯＡ（Office Automation）化、そして情報通信革命において、人間にとっては難しいが言語化、プログラム化しやすい仕事の機械化が進行し、工場の無人化にせよ、事務作業の効率化にせよ、大いに進んだと言えましょう。それに対して今次のＡＩブームは、人間にとっては見よう見まねですぐ習得でき、五感と身体を普通に使えば特に意識もせず簡単にできるにもかかわらず、その手順を正確に言語化し、プログラム化できないような仕事――リンゴとミカンとを見分けて箱詰めしたり、トイレ掃除をしたり、等々――の一部を、機械化することに成功しています。機械学習の発展は、その仕組みがいまだ十分に理解されず、それゆえに手順のマニュアル化もできないような仕事までも、機械がいわば試行錯誤して手順を近似していくことによって、機械化することが可能となってきたわけです。

人間にとっては容易だが、その仕組みがまだよく理解されておらず、手順がマニュアル化されていない仕事は、人間にとって容易であるがゆえに、機械学習にとって必要な教師データ、訓練のための素材をすぐさま大量に調達することができる、とも言えます。それゆえにこうした仕事が、機械学習を利用したシステムによって代替され、機械化されていく可能性は高いでしょう。そうなると人間の労働に残された「聖域」は、その仕組みが不明で、マニュアル化もできない上に、人間にとっても難しく、事例が希少な「創造」しかない、と結論したくもなりますが、慌ててはいけません。それも二重の意味で。

第一に、人工知能機械が人間に取って代わることができる領域が増えたところで、人間がそこから駆逐されると決まったわけではないことは言うまでもありません。単純に考えて、人間労働の方が安価ならば人間が、機械の方が安価ならば機械が、となるわけで、ケースバイケースで見ていかねばなりません。

「創造」とは何か?

そして第二に、既に示唆したように、そもそも「創造」とは一体何なのか、我々は十分に理解しているわけではない、ということです。実際には我々が「創造」と見なしている営為のかなりの部分が、実は「機械に入れるべき情報を選択する」ことなのではないか、という懸念は既に述べました。これをもう少し敷衍《ふえん》してみますと、以下のようになります。

かなり乱暴で限界があるとは言えますが、「創造」を機械化するモデルを、統計的機械学習の発想の延長線上で構想することはできなくはありません。単純に言えば「進化の真似をする」こと、自然選択のシミュレーションを応用することです。つまりは、ある問題を解く――厳密に解くのではなく、うまく近似していく、あるいはある値を最大化（ないし最小化）する――、という仕事を機械にやらせる場合、ある一定の範囲でランダムな解の候補をたくさん作りだし、それらを競わせて一番良い成績を上げた解候補を暫定的な答えとして採用する、更にはそういう作業をどんどん繰り返して精度やパフォーマンスを上げていく、という技法です。こうした手法は「遺伝的アルゴリズム genetic algorithm」「進化的計算 evolutionary computation」として深層学習の隆盛以前から研究が続けられています。

またこれらとは若干異なりますが、主として行動心理学におけるオペラント条件付けをモデルとして、ある種の問題に対して機械に試行錯誤を行わせてどんどん解の精度を上げていく「強化学習 reinforcement learning」もまた、古くから研究が行われています。今日の人工知能ブームは、深層学習だけではなく、深層学習技術によるこれらの手法の強化によっても支えられています。

つまりこの考え方の延長線上に、機械にランダムにたくさんの試作品を作らせ、それを実地に走らせたり、あるいはシミュレーションしてみることによってパフォーマンスを比較し、より高いパフォーマンスを上げたものを採用する、という仕組みを作り上げることによって、研究開発や創作における人間の「創造」を模倣させる、というアイディアに我々は容易に到達できます。

「そんなものはあくまでも創造の『模倣』であり、真の創造などではない。人間の創造は単にランダムな試行錯誤などではない」という反論は誰でもすぐに思いつくでしょう？　しかしながらこれに対する更なる反問もまた容易です。つまり「では『真の創造』とは一体何か？　我々人間は『創造』を行っているときに、実際のところ何をしているのか？　それを十分に理解しているわけでもないのに

『機械による試行錯誤の模倣は、人間による程度の低い、似て非なる模倣でしかない』と断じることがどうしてできるのか？　そこに差があるとしても、それはせいぜい程度問題でしかないのではないか？」と。

いずれにしても、議論を急ぎすぎないようにしましょう。

経済学と機械――古くて新しい問題

繰り返しますが、「ＡＩが労働、雇用に対して与えるインパクト」という主題は、普通に考えれば古くて新しいものです。すなわち、産業革命以来、マルクスどころかデイヴィッド・リカードウ以来散々議論されてきた主題、すなわち「新しい技術の導入と、それが労働、雇用に対して与えるインパクト」という古くて新しいテーマの新展開に他ならないのです。

それが一見新奇に見えて、実はオーソドックスなテーマであるということを確認するためにも、先の思想史的な回顧と論点がやや重複し、同じ議論が反復される恐れが大であることは認めつつも、経済学的な観点から、改めて労働と機械との関係について何がどのように論じられてきたのか、を振り返ってみるとしましょう。

古典派経済学、マルクスと機械

第1章で見てきました通り、アダム・スミス『国富論』によって、生産要素（土地、資本、労働）の市場＝価格メカニズムが見出され、単に観察者が貼るラベルではない、当事者的カテゴリーとしての労働と資本の概念が成立しました。マルクスの言う「具体的有用労働」と「抽象的人間労働」の区別の端緒ができたわけです。そしてマルクスにおいて、機械制大工業を通じた労働の単純化、「資本による労働の実質的包摂」による「抽象的人間労働」の実質化が展望されました。以上は、既に見た通りです。労働に関連してマルクスが導入したいまひとつの概念的発明が「労働」と「労働力」の区別ですが、それについてはここでは繰り返しません。

スミスからリカードウを経てマルクスへ、の展開における最大の変化は、人間労働を代替する機械の導入と、それを含めての、のちの言葉でいう技術革新の導入です。先にヘーゲルとの比較において論じたように、スミスにおいては、主として生産工程の専門分化による、市場レベルならびに工場レベルの分業の深化による生産性の向上までは論じられていても、機械による生産性の上昇、新製品の開発による更なる分業の深化、までは論じられていません。それに対してマルクス『資本論』第一巻における「相対的剰余価値の生産」論では、市場による競争が資本家による技術革新を促し、生産性を向上させ、それが資本家の利潤のみならず、労働者の労働条件の改善にも寄与するメカニズムが分析されています。更に『経済学批判要綱』では新製品の開発までもが議論されています。もちろん機械そのものも新製品ですが、消費生活の変化、消費欲望の拡大までもが、『要綱』でのマルクスの射程に入っているのです。[5]

ただ言うまでもなく、スミスはもちろん、リカードウ、マルクスの時代においても、まだ経済メカニズムのフォーマルな理論モデルは成立してはいませんでした。そしてのちに彼らの分析を念頭に置いた、資本蓄積と階級対立のフォーマルモデルにおいては、さしあたり技術革新は本格的な分析の対象から排除され、同じ技術、同じ商品構成の下での経済の持続と、その下での階級間格差の分析までしかなされませんでした。技術革新というアイディアを本格的に取り込んだ経済理論の開発は遅れたのです。[6] マルクスの段階では技術革新は単発のアイディアの域を出ず、理論体系の中にうまく組み込まれたとは言えません。広がりを持ったイメージとしてではなく、ある程度自己完結的なモデルとして解釈しうる範囲では、マルクスの資本主義理論における労働と機械の関係は、まさに資本の一部としての機械が労働を搾取し支配するツールとなり、更には労働そのものを代替してその価値を引き下げる、という以上のものではないのです。

新古典派経済学の発想

19世紀末以降、限界分析、最適化の発想を取り込んだ新古典派経済学以降、生産要素市場というアイディアは自明のものとなりましたが、社会は生産要素の所有に対応していくつもの階級に分かれる、というヴィジョンの方は衰えていきます。代わって前面に出てきたのは、ひとつには金融システム、資本市場や銀行の発達によって、資本家という特定の階級ではなく、万人が資本の所有者、投資家となりうる社会、というイメージであり、いまひとつは、学校教育の普及と技術革新を考慮に入れてか、人的資本、労働というフローを生み出すストックであり、教育訓練という投資によってその価値を増す無形資産としての人間の能力、という発想です。[7]

そして経済学よりも社会学、経営学をその本拠とする産業社会論という潮流は、生産力の上昇、経済成長の原動力を、物的資本の蓄積よりもこの人的資本や、あるいは特定の人間に固着はせずに社会内で流通するが、もの、有体物のように独占することができない知識、情報という無形資産の方にこそ求めました。そう考えると産業社会論は、どちらかというと経済学中心主義に反発し、新古典派経済学から距離を置こうとする潮流だったとはいえ、それでも新古典派と同時代の所産だったと言えそうです。

産業社会論者は、市場に投資する物的資産の所有者たる資本家よりも、市場経済の外、学術セクターや国家を拠点とする官僚や科学者、知識人、あるいは企業においてもその形式的所有者たる資本家ではなく、現場を切り回す経営管理者といったテクノクラートこそが、産業革命以降、技術革新が常態となった経済社会の中軸である、と論じました。人的資本、知識資本が中核となった経済社会において、格差は縮まるのか、あるいは拡大するのか、については、論者の間で明確な見解の一致はありませんでしたが、不平等と格差を重視するラディカルな論者も、古典的な持てる者と持たざる者との対立から、社会を管理する知的エリートと、管理されるノンエリートとの対立を重視するようになりました。

言うまでもなく、ここでは機械が重視されなくなったわけではありません。固定されたものとしての機械が問題なのではない、ということです。労働が機械によって置き換えられるだけではなく、機械もまた次々に新しい機械へと置き換えられ、その過程で絶えず新しい仕事、雇用もまた生まれては消えていく、ということです。マルクスのイメージに内包されていたダイナミズムが、更に前進します。しかし、それでもまだこの段階の経済学は、技術革新と成長のフォーマルモデルには至っていません。

労働市場の不完全性

20世紀に入って、労働をめぐる経済学的考察に新たに導入されたいまひとつの論点は、労働市場の不完全性です。「市場の不完全性」と一口に言っても、互いに性質を異にする複数の契機に対して一括して与えられたラベルであるので注意せねばなりませんが、少し丹念に考えていきましょう。

（1）ひとつには、市場の手前、つまり財産権、所有権の設定のレベルの問題です。労働サービスの提供にせよ、あるいはその源となる人的資本丸ごとにせよ、そこに標準的な私的所有権を設定することは簡単ではありません。所有者はそうとはっきり望まない限り、自分の財産に対する排他的な利用権、処分権、そこから得られる利益の取得権等々を独占的に保有し、逆に望むならば他人にそうした権利を丸ごと、あるいは部分的に譲り渡すこともできる、という権利を帰属させるのは、案外と難しいのです。

既に散々論じてきたことですが、労働サービスは無体物であるので、そのやり取りはそもそも有体物の売買と同じようには処理できず、雇用や請負、委任といった別個の独自の枠組みがいります。たとえば「これこれのサービスを受ける権利」の証券を作って、その取引市場を作る、といったことです。しかし形があり耐久性もある有体物とは異なり、このような証券（が裏付けるサービス）は無際限に流通することはできません。空間的にその有効範囲は、それを発行した労働サービス供給主体が容易に到達できる割合狭い領域に限られますし、時間的にも有効期間は限定されざるを得ません。また、人的資本丸ごとを商品化することは、奴隷制とイコールであり、今日の社会状況の下では容認しがたいことは言うまでもありません。

（2）いまひとつ論じられることが多いのは、情報の不完全性、そしてこれと密接にかかわりますが、リスク、不確実性の問題です。

たとえば、労働者の能力は、雇い主にとっては前もってわかりにくいものです。売り込む労働者の側はそれを過大に見せようとするし、逆に当然、雇い主は過大な売り込みを警戒します。このような情報の非対称性が、取引の成立を困難にします。同様のことは実は逆方向についても言えます。労働者は、特に長期的には、自分自身の能力と成長可能性についてよくわかっていません。また雇い主の方でも、実際より良い待遇、労働条件を提示して欺こうとすることがあります。

（3）更にもうひとつ重要なのは、競争の不完全性です。経済理論が理想的極限として想定する「完全競争」とは、市場への参加者が（将来の潜在的なものまで含めれば）実質的に無限大の数だけ存在し、誰も市場全体はおろか、市場の中の特定の誰か——競争相手であれ取引相手であれ——を意図的に操作したり、影響を及ぼしたりすることができない、という状況です。市場への参加者の数が十分に大きく、またそれぞれの規模が小さければ、この「完全競争」は現実のほどよい近似ですが、現実はしばしばそこからずれます。そして労働市場は、「完全競争」からはほど遠いことがむしろ常態である、というわけです。典型的な労働市場においては、雇い主の方が労働者に比べて資産が多く、取引において妥協せずに持ちこたえる交渉力が高いことが多いですが、それだけではなく、互いに実際に交渉相手になることのできる相手の数が限られており、「完全競争」からほど遠いことが多いわけです。また数的にも、多くの場合は雇い主の側の労働需要を、雇われる労働者の供給側が上回っていることが多いですが、このような場合には不足している側が取引の条件を決定する影響力を発揮できることが普通です[8]。

物的資本と人的資本

ここまでの議論を振り返ると、(1)古典派経済学的・マルクス的図式と(3)市場の不完全性への注目は格差、不平等の問題に焦点を当てた問題設定です。更に言うと(1)は資本と労働という階級対立図式、**労資**関係という枠組み、(3)は資本対労働というよりは雇い主、使用者対雇用労働者、という対立、すなわち**労使**関係という枠組みである、と言ってもよいでしょう。ただし資本と雇い主、使用者との間にはずれがあります。(2)の議論においては、対立図式は前面には出ていません。どちらかというと広義の労働、産業、勤労のなかでの格差と対立、あえていえば人的資源管理という枠組みで論じられています。対立というよりも、人的資源の効率的な運用が主題となっている場合が多く、この枠組みの中での格差と対立に照準する論者も、資本家対労働者ではなく、エリート対ノンエリート、管理者対被管理者という捉え方になります（管理者と使用者・雇い主とを同一視するかどうかは難しい問題です）。対立に焦点を当てると社会学、経営学的な枠組みでの労使関係研究、また格差に焦点を当てると、明確に企業間・労働者間格差研究（人的資本論や二重労働市場論）となり、(3)に近づきます。

労働——社会問題から生産問題へ

労働に対する経済学的アプローチとしてよくあるのは、ひとつにはそれを一種の「社会問題」と捉え、社会政策としての労働政策の経済学的研究を行おうとするもので、どちらかと言えば伝統的なアプローチです。(1)と(3)はこちらにはいります。それに対してどちらかというと(2)は、社会問題としての労働問題を研究するというより、あくまでも経営の技術的な問題として、生産、産業の中での労働の機能について研究する、というアプローチです。ある時期まではここでも対立関係としての労使関係を重視する研究が一定の地歩を占めていましたが、近年では経営学的な、人事労務管理、人的資源管理という枠組みが有力です。しかしある時期以降経済学的な観点からも、労働者間格差——その原因としては人的資本格差と、市場の不完全性による格差（二重労働市場）とがある——が問題にされるようになってきました。もう少し角度を変えてみますと、資本が主役の市場経済＝資本主義経済において「資本によって搾取される存在としての労働」という捉え方と、「開かれていたはずの市場において、不利なゲームを強いられる労働」という捉え方の二つの軸が交錯している、と言えます。[9]

しかしながら実はここでは、資本の捉え方も多重化しています。

資本とは要するに、土地のような自然物ではなく、人工物の集積からなる資産のことである、と言えますが、ここでそれを実物として見た場合には、有体物と無体物からなり、有体物は原材料や製品在庫などの流動資産と、生産設備などの固定資産からなります。無体物の方は知的資産と会計上「のれん goodwill」と呼ばれるよくわからないもの、要するに評判とか信用とかです。機械は固定資産の中心です。それに対してこれを社会的な制度、法や会計の方から見ると、今日では資本とは結局企業のことである、と言ってよいでしょう。金融市場が発達した今日では、企業総体に市場において貨幣ベースで価値が付けられ、場合によっては丸ごと売り買いされます。丸ごとではなくその分割された部分的所有権としての株式もまた（というより主としてこちらの方が）、売買の対象です。細かく分割された資本である株式なら、誰でも持てます。どちらかというと後者に注目した方が、「資本」の本質に迫るには適切でしょう。具体的な「もの」ベースでは流動資産はもちろん、絶えざる技術革新を通じて、固定設備も次々と入れ替えていくのが資本主義的企業だからです。

しかしそのように所有の対象であるのみならず売買の対象でもあるような資本とは別に、今日の経済学のやり方では、人が市場でお金を稼ぐ能力も、費用を投じて向上させることができる限りにおいて、「資本」すなわち「人的資本」と呼ばれてしまいます。ただしこちらの方は、その所有者本人から切り離せず、丸ごと売り買いすることはできません。もちろん理論的には、たった一人の従業員・兼・取締役の人的資産にすべてをかける株式会社もありえますし、少数ながらそれに近いものも存在しているでしょうが、そのほとんどは実態としては自営業者であり、株式の公開もなく、丸ごと売り買いされることもないでしょう。

ただし、人的資本の蓄積には、それが生身の人間から切り離せないがゆえに、相応の限界があること、それゆえに、市場ベースでも、企業の経営、コーポレート・ガバナンスのレベルにおいても、物的資本の所有者と人的資本の所有者との間には、取引に際しての交渉力の格差がどうしても発生してしまいます。


以上のように見てきますと、譲渡可能で市場を流通する物的資本と、（奴隷制の禁止の下で）譲渡不能の人的資本の二通りが存在する、というわけです。そして技術革新の進展の経済学的分析においては、当初は前者に注目が集まり、資本と労働の対立・格差が問題となりましたが、20世紀末にはむしろ労働——人的資本の格差に注意が向けられるようになりました。問題は一個一個の機械ではなく、連続的な技術革新の中で、次々に機械がスクラップアンドビルドされていくことであり、雇用労働者の方もそれに対応して、次々に人的資本の中味を更新していかざるを得ない、ということです。

さてこの場合、資本家——大規模投資家の側と労働者の側とでは、どちらがリーダーシップを握るでしょうか？　物的資本の更新が先行し、労働者がそれへの適応を強いられるのか、むしろ逆か？　可能性としては「どちらも起こりうる」わけですが、現実にはどうでしょうか？　これが問題となるでしょう。

非常に大雑把に言えば、物的な機械そのものの更新と、人間によるその機械の使い方の更新とでは、どちらがペースを支配することになるのか、ということです。一見「明らかに物的な機械の方が先行するだろう」と言いたくなるかもしれませんが、少し考えてみれば、ことはそう簡単ではないことはおわかりになるでしょう。なんとなれば、「人間による機械の使い方の更新」のなかには、「人間による機械の改良、新しい機械の開発」までも含まれざるを得ないだろうからです。

コンピューター

ここまでの議論は一応「人工知能」はおろか「コンピューター」の概念もはっきりとは導入せずに展開してきましたが、そこを意識してもう少し進めてみるならば、どのようなことになるでしょうか？

現代的なノイマン型コンピューターという機械、そしてそれ以降の、コンピューターを制御系に取り込んだシステムの面白いところは、ハードウェアとソフトウェアの分離、を持ち込んだところにあります。伝統的な道具・機械においては、ハードウェアとソフトウェアの区別がありません。どういうことかと言えば、伝統的な道具・機械においては、構造と機能、形とはたらきが一体不可分です。鋏があのような形状をしているのも、自動車があのような構造をしているのも、それぞれの本来の機能を果たすためです。ところがノイマン型コンピューターは、およそ「計算」なら何でもできます。同じハードウェアに、様々なソフトウェアを走らせることによって、いろいろな仕事をさせるのがその特徴です。コンピューターは「計算」という点においては万能機械です。

ハードウェアとソフトウェアの分離

コンピューター以前の伝統的な道具や機械の運用の仕方は、あえて時代錯誤な言い方をすれば、ハードウェアとソフトウェアが一体化したものとしての道具や機械を、コンピューター以上の万能機械である人間が、その使い方という知識を学んで運用する、というものでした。しかしコンピューター以降の人間―機械システムにおいては、もっと分節化が進みます。特定の機能がソフトウェアとして切り出されるということは、それが特定の道具・機械のハードウェアから分離されつつ、人間の知識・技能として体化されることもなく、それ自体が独立して流通する、ということです。考えてみれば、言語化・文書化されたものを中心として、万能機械たる人間の身体＝ハードウェアから、知識というソフトウェアが分離して流通していたわけですが、それが更に反復されていると考えることもできます。[10]

非常に雑駁に言えば、ハードウェアが主として物理的な機械として、固定資本設備として「資本」を構成するとすれば、知識の方は機械とソフトウェアを使いこなす技能として「人的資本」の方に割り当てられるものと、ソフトウェアとして、あるいは文書として外部化、パッケージ化され「知的財産」として流通可能となり、「資本」の側に取り込まれるものとに分かれていくことになります。これがネットワーク化、更には人工知能化によってどのように変わるのか変わらないのか、がひとつの問題となるのです。

そこを意識した上で、まずは機械を主として固定資本としてみるアプローチから取り掛かり、少しずつ話を広げていきましょう。

技術変化・機械化の経済学

技術変化・技術革新とはどのようなことか？

ある製品を一個作る、あるサービスを一定量提供するに際して、投入される原材料やエネルギー、用いられる道具や資本設備、労働者の技能と作業量（主に人数と時間で測られる）の組み合わせというのは、ある程度融通が利くものです。現在主流の新古典派の経済学は、このような（生産要素同士の間に代替性がある）状況を出発点として、生産要素の価格の変化に応じて、生産者（企業や自営業者）が適宜その組み合わせを変えつつ生産活動を行う、という形で生産者（企業）行動の分析を始めます。たとえば人手不足で賃金が上がってくると、企業は労働時間を短縮したり、場合によっては従業員の一部を解雇したりして労働投入を減らし、その分労働に対して割安になった資本設備を増強して対応する、という具合です。

しかしリカードウ、そしてマルクス以降問題とされるのは、同じ技術の下で労働投入、雇用を減らして資本設備を増やす（割高となった労働を割安となった資本設備で代替する）、という状況ではなく、技術自体が変化することによって労働への需要が、雇用が減る、という状況です。

とはいえ実際にはこのような技術変化は、多くの場合はそれ自体が投資として――既存の資本設備を増強するのではなく、研究開発投資を行い、その結果できた新技術を具体化した新しい設備にまた投資し、必要な場合にはこの新技術に合わせて従業員に教育訓練投資を行い――という風になされるので、この辺の事情は忘れられがちです。つまり、資本主義の下で、企業の利益を増やすものとしての技術革新は、資本を増強して労働生産性を上げることだ、と錯覚されがちです。つまり、雇用した労働者の数は一定のまま、労働生産性を上げて総生産量を、ひいては売り上げを増やすか、あるいは売り上げ、そして生産量を一定として、労働生産性を上げて必要な労働量を減らすか、そのどちらかだ、と。

もちろんこれは短絡的な誤解です。前者の場合で言えば、いくら雇用を一定のまま労働生産性を上げようと、それと引き換えに資本の量が増えすぎて、その費用が生産量の増加を上回るのであれば、売り上げに占める費用が増えすぎて利益が減ってしまいます。売り上げを一定として人減らしをして、労働費用を削減する場合でも、そのための資本設備の増強がその削減分を上回るならば、やはり利益は少なくなってしまいます。きちんと利益が上がるような生産性の向上は、労働についてだけ、あるいは資本についてだけ生産性が上がるのではなく、すべての生産要素について生産性が上がるようなものでなければ困る、というわけです。[11]

機械化の経済学の歴史

技術革新の分析は、スミスやリカードウにおいてはまだ目立ちません。スミスの場合、製造業の分析も基本的には市場ベースと経営、工場ベースでの分業の深化による生産性の向上がテーマですが、それが労働者の雇用や賃金にどのような影響を与えるかについては、いわば経済全体のマクロ的な成長率が、賃金や雇用に対してどのような影響を与えるか、に眼目があり、リカードウやマルクスにおけるような、資本設備によって労働が置き換えられ、雇用を減らしてしまう、といった問題への論及はありません。雇い主としての資本家と、労働者の間の賃金をめぐる対立は描かれているものの、資本家が労働者に対して交渉を有利に持っていくために、省力化投資をして労働需要を減らし、賃金を引き下げる、といった分析はまだ出てこないのです。

本格的な機械化による生産性の向上と、それが労働者の雇用や賃金に対して与える効果の分析は、リカードウに始まります。初期のリカードウは、機械化、省力化投資それ自体は、労働者に特に不利益を与えることはない、と考えていました。大雑把に言えばそれはこういう理屈です。ある産業部門において新しい機械が導入され、労働生産性が高くなって、同じ生産高を上げるに際してより少ない人手しか必要ではなくなったら、不要となった人材は解雇されるかもしれない。しかしこの場合、仮に売り上げが同じだとしたら、解雇した労働者に支払われたはずの賃金の分だけ費用が節約されるため、問題の産業部門での利益は増える。その増えた分の利益は、資本家の手許に帰すとしても、その増えた収入が資本家によって消費や新たな投資に向けられれば、それによって新たな雇用が生み出される。つまりこれが「供給はその需要を生み出す」という、いわゆるセー法則の考え方です。失業した労働者たちは、いずれはこの新たな雇用に吸収されるし、その際に賃金が下がる恐れもない、と当初リカードウは考えていたようです。再就職までの調整における短期的な失業以外には、労働者はさほどの不利益は被らない、と。ただ後にリカードウはこの考え方を修正し、機械化による雇用の純減、賃金の低下もありえなくはない、としました。ただしこうした機械と雇用をめぐる議論はどちらかと言えばミクロレベルのものであり、リカードウのマクロレベルでの問題関心は、経済成長の果てに、有限な資源である土地が使い尽くされて成長がストップしてしまう可能性の方にありました。そしてその局面においては、希少資源となった土地の利用価格としての地代が際限なく上昇し、成長の成果がほとんど地主層に吸い上げられて、労働者と資本家の下には残らなくなるのではないか、という危惧を、彼は抱いていました。この「成長の限界」論を踏まえるならば、リカードウは機械化による生産性上昇の可能性を、それほど高くは見積もっていなかったと考えるべきでしょう。[12]

マルクスの混沌

機械化のもたらす甚大なインパクトを、正負両面で徹底的に考えようとしたのは、やはりマルクスということになりましょう。マルクスはマクロ的にも、資本家による省力化投資が、絶えず失業を生み続け、全体としての成長による新たな雇用創出も、なかなか失業を根絶するところまではいかず、「産業予備軍」としての恒常的失業が滞留して、絶えず労働供給は過剰気味となり、その分賃金は低く抑え込まれる、と『資本論』で論証しようとしました。その論証がうまくいったとは言い難いわけですが、マクロ的に見たときより重要なのは、マルクスがスミスやリカードウとは異なり、製造業、工業を主役とした、定常状態に行きつかない無限の経済成長の可能性、それを支えるメカニズムとしての技術革新(マルクスの言葉では「特別剰余価値の生産」「相対的剰余価値の生産」)にたどり着いたことです。

マルクスは結局自分の主著『資本論』を生前には完結できず、盟友エンゲルスによる補完と再編を経ても、その全体系は多分に未完成の度合いが高いのですが、それでも『資本論』自体は比較的きれいにまとまった理論体系を提示しようという構想の下に書かれているようで、生前未発表となった若書きや準備稿に見られた奔放なアイディアはかなり切り捨てられています。ここで注目しておきたいポイントは、マルクスは一方では資本主義市場経済の下では、資本家が支配階級となって労働者大衆を抑えつけ、格差と不平等の構造は簡単には覆らないことを強調しつつ、他方では労働者が全く無力であることも認めず、革命によって資本家を打倒する力量はそこに潜在しているし、また革命を達成する前の資本主義社会の枠内でも、労働組合を通じてある程度自分たちの利益を追求し、地位を向上させることもできる、という労働者階級に対してのアンビバレントな評価です。

『資本論』においては産業予備軍効果によって賃金は低く抑えられるとしながらも、労働時間が労働者の主体的闘争によって短縮されるさまをも熱を持って描いていますし、講演『賃金・価格・利潤』では労働組合の闘争による賃金上昇の可能性について肯定的に論じています。[13]更に未定稿『経済学批判要綱』においては、労働者が消費者でもあること、消費者として自由時間の享受、更に魅力的な新商品を望む存在でもあり、そのような存在としても資本＝生産者企業と対峙すること、が論じられています。つまり『資本論』ではプロセス・イノヴェーションしか検討されていないのに対して、『要綱』ではプロダクト・イノヴェーションが論じられているのです。

まとめていえば、マルクスは基本線においては、機械化が資本主義体制下の労働者の雇用や待遇に及ぼすインパクトの評価にあたって、悲観論を提示しようとしたが、ところどころそうした悲観論を破ってしまっています。資本主義の下での技術革新の利益《りやく》が、労働者にまで及ぶ可能性を無視しきれずにいます。そう考えるならば、理論的、思想的には既にマルクスにおいて、基本的な論点は出そろっているといえるかもしれません。[14]

機械化、ＡＩ化と雇用

別に目新しい話じゃない？

その辺の事情と、更にその後の経済学研究の歴史を踏まえて言えば、私見では、機械化による省力化と雇用の関係の構造は、実は案外単純なものです。乱暴に言えば、失業、不均衡の問題はそれほど深く考えなくてもいい。失業が不均衡だとすれば、それを受けて賃金が下がり、いずれ過剰な労働供給が減る、という形で労働市場は均衡するだろうからです。

問題はむしろその均衡においてどれだけ賃金が下がり、生活水準が低く押し下げられるか、という分配、不平等の方だ、と言った方がよいでしょう。「技術的特異点」論者などの、長期的なＡＩ発展の可能性に関する楽観論者・兼・その人間社会に対する短期的な影響に関する悲観論者（ややこしいですね）が指摘しているのも、実はこの点です。普通の労働者の賃金はそれこそ古典派的な「生存水準」ギリギリにまで押し下げられるだろう、というのが彼らの予想です。[15]

生活水準、消費水準を一定とするならば（古典派の想定もこうでしたが）、省力化による労働生産性の上昇は、短期的には労働時間を減らし、余暇を増やす程度で済むが、やがては労働需要を、つまりは雇用そのものを減らし、賃金を下げてしまう。これを避けようとするなら、一人当たりの消費を増やすしかない。労働時間はそのままで増えた所得を消費に回す、あるいは労働時間を減らしても、それを上回る勢いで所得を増やし、余暇を楽しむための新しい商品を開発し、更に需要を増やす。そうするしかない。

ラッダイトからマルクス、そして今日の悲観論者の悲観主義は、このように整理すると、労働生産性の向上がうまく労働者に分配されるかどうか、という点についての悲観、懐疑であり、またそもそも生活水準の向上、新たな消費欲望の発展の可能性への懐疑だったのだ、と解釈することができるでしょう。しかし既に触れましたように鋭敏なマルクスは、『資本論』においては、労働の搾取に焦点を当てるためか、おおむね労働者の生活水準を固定的に考え、賃金上昇の可能性に焦点を当てませんでしたが、『経済学批判要綱』では余暇の拡大や新商品の開発による労働者の生活水準の全般的上昇の可能性にも触れていました。

そしてのちの経済学の歴史のなかでは、この論点については大体において楽観論が支配的でした。つまり、労働者まで含めての全般的な所得の向上が、産業革命以降持続してきた、という現実があり、それを支えるメカニズムも理解できる、と。すなわち、人の消費欲望は、案外飽和することがなく、いまだ我々は遺伝子レベルでは数万年前の先祖とほとんど変わるところがないというのに、次々に現れる新しい技術、新しい商品に合わせて、どんどん生活を変えていき続けることができるものなのだ、ということです。

近年の経済学説史、経済思想史研究においては、リカードウ的、あるいはマルサス的悲観論の背後にあったのは、労働者の行動パターン、欲望のあり方に対する非常に限定的な想定だったと考えられています。すなわち、労働者や貧農は、生活に余裕ができると、結婚し子どもを増やす方に走るので、結局人口、労働供給を増やし、賃金上昇を再び終わらせてしまうのだ、と。しかしながら現代では、生活水準がある一定レベルを超えると、人々は消費欲望に目覚め、子どもを作るよりも消費を充実させることを優先するようになり、更には子どもを産み育てる場合にも、数を抑えて一人当たりの教育水準を高め、ひいては稼得力を高めるという選択をとるようになる、と考えられています。[16]

この意味での人間の可塑性、端的に言えば貪欲さを果たしてどこまで信頼できるのか、についてはいろいろな意見があるでしょう。一時期、日本経済の停滞に際して聞かれた「消費欲望が飽和して、もうほしい商品がない」といったたぐいの議論も、それなりのもっともらしさを持ちますが、技術革新に伴って思いもしなかった新商品や新サービスが次々に生まれ、人々がそれに飛びつき、あるいは知らぬ間にそれなしに生きられなくなっている様を見ると、それもどうだろうかな、と思います。消費者としての人間の可塑性、欲望の際限のなさというものは、案外大きいのではないか、と。

人間はどこまで変われるのか？

しかしながら人間の可塑性を問題とするならば、同じように、あるいはそれ以上に重要かもしれない、もうひとつの側面があることは言うまでもありません。すなわち、消費欲望、言い換えるならば消費する能力と対になる、労働する、というより生産する能力の可塑性の問題です。端的に言えば、訓練による新技術への適応の可能性の問題です。

適切な教育訓練さえすれば、場合によっては世代交代を経る必要はあっても、人間は技術革新に適応するものだ――というのは従来の経験則です。時間がかかっても、後続世代のあたりで、人間は適応する、と。単純な話、生身の人間、自然人はどれほど頑張っても時速50キロ以上の速度で走ることはできそうにもない、にもかかわらず時速数百キロの乗り物を自らの意志で動かすことができています。人間の学習能力と可塑性はバカにならない――そんな風に我々はいままで考えてきました。

しかしながら音速を超えるような乗り物、あるいは宇宙速度の乗り物に対しては、それは通じません。そしていまや人工知能、より具体的に言えば機械学習技術を実装したコンピューターは、囲碁や将棋、あるいはクイズやポーカーにおいても、人間を凌駕する成績を収めるようになってきました。そうなると、機械に対して比較優位が発揮できる領域に転換することによって、人間の雇用を維持する、という対応に、いつかは限界が来るのではないか、という不安が生じるのもむべなるかな、です。この教育訓練の困難が、雇用喪失はもたらさずとも、自然人の労働の価値低下、賃金低下をもたらすのではないか、という懸念は当然に出てきます。

技能偏向型技術変化

後にも触れますが、20世紀後半の西洋マルクス主義は、ソ連をはじめとする共産党のマルクス＝レーニン主義、正統派マルクス主義の思考停止を破り、一方でマルクスの原問題意識＝疎外論に立ち戻り、他方で現実の産業労働の実態を見据えつつ、資本主義体制の下での機械化による雇用の減少、労働条件の悪化のみならず、労働者の熟練の解体、要求される労働の質の低下、労働者の能力の低下の可能性を指摘しました。この線に則った労働現場の社会学・人類学的研究も多数輩出します。[17] しかしながらその一方で、新古典派主流に属する経済学者たちによる実証研究は、やや異なった事態を明るみに出しました。彼らが発見したのは、20世紀末の先進諸国における、資本家と労働者の間のではなく、賃金労働者間の格差の増大であり、それは主として学歴格差によるものと考えられました。つまり、単純に熟練の解体、労働者の技能が資本の側の知的財産たる新技術によって取って代わられるのではなく、そうした新技術が労働者の側にも新しい技能を要求し、そうした技能を得られた労働者とそうではない労働者との間に、格差が生じてきた、というのです。

20世紀後半には全般的に学歴が高度化し、高等教育機関への進学率は上昇しました。需要と供給の均衡の論理に則って普通に考えてみれば、高等教育を受けた労働者の供給が増えることによって、高学歴層と低学歴層との間の賃金格差は縮むはずです。しかしながら20世紀末、ことにパーソナルコンピューターと、更にはインターネットの普及以降の先進諸国においては、学歴による賃金格差がかえって拡大し、それが更に高学歴化を推し進める、という奇妙な状況が見られました。

この奇妙な状況に対して、新古典派の経済学者たちが与えた説明のひとつは、「技能偏向型技術変化 skill-biased techn(olog)ical change」という概念によるものでした。簡単に言えば、かつての識字能力と同様、パソコンやインターネットなど、新しい情報技術を使いこなす能力、更にそれを用いて新たな製品やサービスを開発する能力は、少なくともいまのところはネットワーク外部性を持つ、ということです。すなわち、この技能を持つ者の供給が増えることによって賃金が押し下げられる効果に対して、この技能を持つ者が増えることによって一人当たりの生産性が上がり、それによって賃金が引き上げられる効果の方が上回り続けているのだ、というのです。しかし低学歴でITスキルが低い労働者は、この好循環から取り残されてしまい、賃金が低いままで、その結果、学歴による賃金格差は増大する、というわけです。

この現状分析には、政策論的に言えば希望があります。まず、ここでの学歴競争は、限られたパイを奪い合うゼロサムゲーム（たとえば定員の厳格な採用試験）ではなく、学歴向上は技能向上とネットワーク効果で、個人レベルでも社会全体でも純粋にプラスの効果を持ちえますから、競争の結果として、格差はあれ全員が「勝者」になることが——全員がプラスの利益を得ることが可能です。第二に、ネットワーク外部性がある以上、低学歴者に公的補助を与えてでも学歴を上げることは、格差を縮小するだけではなく、社会全体の生産力を高めることにもつながりうるのです。[18]

先に見た西洋マルクス主義的な「労働の衰退」のヴィジョンと、「技能偏向型技術変化」論における新たな熟練の可能性のヴィジョンとは、どこかで折り合いがつくでしょうか？　どちらも現実の一面を言い当てている、と言えば言えるでしょう。

ところが、既に見た現代経済学者の中の悲観論者たちは、この「技能偏向型技術変化」による高学歴・高技能者の高賃金が、AI時代にはついに終わりを告げるのではないか、と考えているわけです。それはある意味でマルクス主義的な——西洋マルクス主義のみならず、古典的な正統派マルクス主義にも近い――ヴィジョンへの接近であるともいえます。つまり、情報通信技術にたけた高学歴・高技能労働者の仕事が人工知能機械に取って代わられ、再び労働者間の格差より、人工知能機械を資産として保有する資本家と賃金労働者の間の格差の方が重要になってくるのではないか、ということです。

そうすると、煎じ詰めれば、人工知能の発展が資本主義経済下のとりわけ労働者に対して与えるインパクトの問題としては、第一に、それがもたらす劇的な労働生産性の上昇が雇用減につながらないほどの所得の増大＝全般的経済成長は可能なのか、そして第二に、それが可能だとしても、そうした成果の分配は、人々の間の、とりわけ資本家、有産者と賃金労働者の間の格差をより一層増大させることになるのではないか、というあたりについて考えるべきでしょう。そしてその基本的なロジックは、案外古典的な、リカードウ、マルクス以来の機械化と雇用の問題についての一般論の枠から出るものではない、と考えるべきではないでしょうか。

4

機械、ＡＩと疎外

げていきましょう。

疎外再び

ここまではあえて言うと経済学的な論点を中心に論じてきましたので、今度は社会学的な論点を挙げていきましょう。

官僚制と労働疎外

近代的な官僚組織や大工場における巨大な分業組織は、その末端で働く人々や、そうした組織と取引する人々に対して、大きな不安を与えてきました。先述の通り、20世紀後半の西洋マルクス主義者はそれを「労働の疎外」という概念で論じてきたわけですが、煎じ詰めればそれはどういうことでしょうか？

まずはそもそも雇用という形式を通して、労働者として雇われた人は、ある制約の範囲内ではあれ、かつての奴隷と本質的には変わるところのない、雇い主による包括的な指揮命令権への服従を義務付けられるわけです。この「自発的服従」「自発的隷属」の抱えるストレスが、先に見た「労働者固有の第二の疎外」です。問題は機械化、そしてＡＩ化とこの問題がどのような関係にあるのか、です。

これについては幾通りかの考え方があります。ひとつには分業の深化、官僚制や機械の発達によって、こうした不定型だった業務がルーティン化され、単純化、コモディティ化されていく、という可能性を考えてみましょう。そうなった場合にはこの「労働者固有の第二の疎外」はよりシンプルで没人格的な「普遍的疎外」「物象化」へと転じていくでしょう。しかしながら機械化や官僚制化がこれまで労働者に対して与えてきた疎外やストレスは、もう少し複雑なものだったのではないでしょうか？

むしろマルクス『資本論』を労働疎外の分析として読んできた20世紀の疎外論者たちが提起した問題は、「労働者固有の疎外」の「普遍的疎外」への転化というよりは、「労働者固有の疎外」それ自体の深化、巨大な機械や、あるいは人間たちと規則でできた抽象的な機械としての官僚組織が、「自発的服従」「自発的隷属」をより不透明なものとしていく、ということです。市場における、見かけは対等な契約という形式のみならず、企業組織や、労働現場の物理的アーキテクチャそのものが、雇用関係の実態が権威的支配関係であることを見えにくくしていく、というのです。

単純な労働現場で、雇い主の顔が見え、雇い主に直接あれこれ命令される環境であれば、そこにおける支配従属関係、こういってよければ「疎外」は見えやすいものです。しかし組織が巨大化し、直接の上司、管理者もまた実は雇われの身に過ぎず、究極的な支配者たる雇い主の存在が見えにくくなっていく。あるいは職場のリズムを支配するのが労働者や管理者ではなく巨大な機械、資本設備となっていて、これもまた雇い主の存在を見えにくくしている。このような支配従属関係の不透明さもまた、疎外を強めるでしょう。あるいはそうした組織の内側からではなく、たとえばそうした官僚組織を備えた巨大企業と取引する個人の目から見てみましょう。取引が順調な場合はまだよいですが、いったん不調に陥って苦情を申し立て始めると、末端の現場の窓口の要員には「自分では判断ができない」「自分にはその点につき決める権限がない」と、他の窓口に回されたり、上位権限者の下に連絡が届き、決裁されて返ってくるまで待たされたり、という経験は、公共団体や巨大企業を相手に、普通の庶民もよく経験しているはずです。

AI化と官僚制化の連続性？

しかしながら、果たして今日のブームを牽引しているような人工知能機械と、それが提供するサービスは、既に我々が長らく体験している、在来型の機械や巨大官僚組織の下での疎外やストレスと、本質的に異なる何かを与えるものでしょうか？

比喩でなしに官僚制組織を「人間（の営み）でできた機械」と考えるなら、逆にある種の人工知能機械を「（比喩ではなく文字通りに）人間不在の官僚制組織」とみることはできないでしょうか？

今日の統計的機械学習を応用したシステム、たとえば顧客管理のシステムが、顧客を差別的に取り扱った、というクレームが届いたとします。仮想ケースとしてよく論じられるのが、膨大な顧客データベースで訓練した銀行のローン審査のシステムを動かしたとき、訓練データの顧客リストの中には、顧客のたとえばエスニシティや宗教などのデータは最初からマスクされ、入力されていなかったとしましょう。そして訓練を終えて現実に仕事をする際にも、ローン申し込み者が提出する書類の中には、申し込む者の人種・民族や信仰を書き込む欄などなかったとします。にもかかわらずこのシステムが、訓練データをもとにして学習した、顧客の性質とそのパフォーマンス（きちんと完済するか貸し倒れを起こすか、等）を関係付ける関数は、結果的にはあたかも（入力していないはずの）顧客の人種・民族や宗教に基づいて顧客のパフォーマンスを予測し、振り分けているかのように見える結果を出してしまうかもしれません。しかしその場合、たとえばこのシステムがポピュラーな多層ニューラルネットの教師あり学習に基づいている場合、「なぜこのシステムは（設計者と運用者にそのつもりはなくとも）結果的に顧客を差別した（も同然の作動をした）のか」自体が人間にはわからないことがありえます。[1]

このような形で責任の真空状態が生じた場合、それが顧客に与える不安や不信は、今日の複雑な官僚制組織の中での、部門間や末端と上層部の間でまま生じる責任の宙吊り状態と、どれほど違っているでしょうか？　あるいは、そうした不透明なシステムのかたわらで、それを使用して働く労働者の「疎外」は、古くからある巨大な官僚制組織や巨大工場の生産ラインの末端で、その意味がよく理解できず実感できないような仕事に追われる労働者のそれと、どれほど異質なものと言えるでしょうか？　たしかに存在する雇い主やシステムの所有者など、最終的な責任者、究極的な支配者が、組織や機械の背後に隠れてその姿が見えず、不満をぶつけられないというストレスは、非人格的な人工知能システムの導入によって根本的に異質な別の何かに変化するでしょうか？

おそらくはそうではないでしょう。

資本主義と官僚制

経営史を振り返って

資本主義的な経営管理について、少し迂遠な話をしましょう。歴史的に見れば、際限ない金儲けとしての資本主義のイニシャティヴをとったのは、最初は商人たちでした。ただ単に生産者と消費者の間を仲介し、安く買って高く売る、では済まず、生産者たる職人たちや農民たちに資金を貸し付け、原材料を売り、製品を買い上げる、という形でいわば外側、流通、信用の側からだんだんと生産の側に入り込み、やがては生産そのものをも支配していくようになりました。ですから資本主義の初期、産業革命以前からその直後くらいの局面を見てみると、生産現場の管理は資本家たち自身によってではなく現場の職人たちによってなされており、資本家たちと職人たちの関係も、雇用というよりはむしろ請負だったと言えます。技術的知識、現場管理のノウハウが主として現場の職人たちの手中にあった以上、そこでは資本家たちによる経営管理は間接的だったわけです。やがて産業革命が進展してくると、生産設備の所有権のみならず、それを管理し運用するノウハウまでも資本家の側に移行し、資本家、企業側が労働者たちを雇用して、個別の作業についてもいちいち指揮命令する、という直接管理に移行していく、と言えます。いわゆるフォード・システムにおける流れ作業、あるいはテイラーの科学的管理運動のことを想起していただければよいでしょう。[2]

ただもちろん実際にはものごとはこう単純ではなく、産業革命以降の生産現場においては、絶えず技術革新が進行していくわけですから、経営管理は常に不透明性、不確実性との闘いです。技術の発展とともに不透明性、不確実性が一方的に減少し、資本家による支配が徹底して貫徹していく、などという単純な展開ではなく、絶えず新たな不透明性、不確実性が現れてくる。この問題は先述の西洋マルクス主義の労働社会学においても問われました。

スミスにおいては分業による専門化、それを通じての生産力の増大が主眼であり、そうした分業がもたらす不確実性、不透明性については「見えざる手」への信頼によって問題意識の外に追いやられました。そして長らく経済学という学問は、この不透明性、不確実性を正面からは主題化せずに来たのです。市場を介した取引の中心は、パッケージ化されて均質化され、その品質も明確な商品、コモディティをめぐるもの、とされ、不確実性が大きくなるサービスや「一点もの」の取引、そして金融取引や雇用関係は、周辺的な課題とされました。そのような不確実性を管理する仕組みは、法律にせよ企業組織にせよ雇用関係にせよ、「制度」という名で一括されてきたわけですが、それらは経済学研究の正面からの主題というよりは、経済学的研究がなされるためにクリアされねばならない、いわば「前提」的な研究の主題とされ、学問的には法律学や経営学や社会学の主題として、また理論的にすっきりした普遍的・形式的モデル化よりは、具体的な個性を重視した歴史的・記述的研究の対象として扱われてきました。しかしゲーム理論や意思決定理論の発展の結果、この領域にも理論的分析のメスが入れられています。

たとえば、取引対象の品質に関する情報不足や不確実性が大きい場合、また取引相手自体を見つけることが難しく、見つけたとしても取引相手の信頼性の見極めも難しい場合、探索を広範には行わず早々に打ち切って、身近な取引相手で満足し、ただし長い時間をかけて信頼関係を構築していく、というやり方が、弾力的な市場取引を通じて常に最適を目指す、というやり方よりも長期的に見れば合理的なことがありえます。固定的な組織を作る、慣習に甘んじる、という戦略の根拠はこのようなものです。本格的な産業化以前の共同体的経済や、あるいは「独占資本主義」あるいは「組織資本主義」の存立根拠はここに求められるでしょう。

しかしもちろんこれだけでは、自然発生的な共同体や慣習的取引関係と、意図的に作られた公式組織、官僚制組織との区別がつかなくなってしまいます。自然発生的な慣習的取引や共同体内での分業では、暗黙の裡に生じた慣行や濃密な人間関係によって調整がなされるわけですが、官僚制組織の場合には、自然発生的な慣習に任せず、意図的に作られて明示化（多くの場合明文化）されたルールが人々の間での仕事の分担を決め、なおかつ不測の事態に必要な柔軟な意思決定を専門に引き受けるリーダーやスタッフを置きます。このリーダーやスタッフは全体の調整はもちろん、ルールそのものの策定や執行という仕事をも担います。

官僚制の多面性

通俗的な官僚制イメージは、固定的なルールの下に人々を縛り付けて仕事を分担させる、人間（の作業）でできた機械、とでもいうものですが、実際にはそれはことの半面でしかありません。大規模で複雑な分業に伴う不確実性の処理が官僚制組織の眼目ですから、固定的なルールと柔軟な意思決定の組み合わせが重要です。

ですから人々が官僚制の前で、あるいはその中で覚える不安、不満、疎外感もまた、ルールの（機械のような？）固定性、融通の利かなさにのみ由来するわけではありません。官僚制組織のローカルルールはしばしば外部には隠される場合も多いのですが、基本的には明示化、明文化されるもので、公開可能性を旨としています。ルールのそのような性質は、むしろ不満の訴えやすさにもつながります。そう考えれば官僚制の不快さ、後ろ暗さは固定ルールの杓子定規さ加減よりむしろ、そうした杓子定規なルールと、その半面の融通無碍な柔軟性との混淆によるものなのではないでしょうか？[3]

さて、以上の考察を踏まえて人工知能の問題に戻るならば、どのようなことが言えるでしょうか？古典的な人工知能、ＧＯＦＡＩのイメージは、まさに杓子定規なルール、固定的な手続きの権化、ということになるのに対して、今日の機械学習に立脚したシステムが人々に与える印象は、むしろ中途半端で不透明な柔軟さ、でしょう。それは従来の、ＡＩブームどころか情報通信革命以前の官僚制による疎外と、それほど異質なものではないのではないでしょうか？

このような疎外はおそらくは、雇用労働者や顧客としてこのような官僚制組織と、それと連動する人工知能にかかわる者にとってだけの問題ではありません。それを所有し、管理し使用する側、企業や資本家の側にとっても何ほどかは問題でしょう。従業員や顧客が、人工知能システムの管理者・使用者たる企業・資本家に対してクレームを申し立てるとき、企業は現場との間に存在する中間組織の階層構造をバッファとして利用できる半面、中間組織は迅速な対応の足を引っ張る障害ともなるからです。

物神性

もちろん資本主義の下での「労働疎外」とは、ただ単に（本当はそこに確固としてある）人間による他の人間の支配が、その見かけにおいて複雑な組織や巨大な機械によって見えにくく、不透明にされている、というにとどまるものではない、ということもできます。これはマルクスが「物神性Fetischismus」なる言葉で語ろうとした問題です。

本格的に発展した資本主義社会の下では、資本家階級も実は社会システムを思うがままにコントロールする、という意味での支配者などでは全くなく、ただ労働者に対して、雇用関係にある限りで支配を行い、またより豊かで優越した地位にいる、というだけのことで、資本家もまた市場の「見えざる手」に導かれ、競争に伍することを強いられている存在です。つまりそれが先の言葉で言えば普遍的疎外、「物象化」ということです。生身の人間としての資本家たちは、資本家という社会的な役割を果たすことを強いられている。資本をひたすら蓄積させるという機能に奉仕する機関たることを強いられている。もちろんそれを強いる人格的主体などはない。あえて言えば市場の「見えざる手」が、心など持たない自己維持的システムとしての総体としての資本主義経済が、それを強いているのだ、とマルクス『資本論』は我々に告げようとしている。このような読み方が、ことに20世紀後半の西洋マルクス主義者たちの間では支配的だったと言えましょう。

しかしそうだとすればなおのこと、そこに人工知能システムが新たに付け加えるものはないでしょう。人工知能システムもまた、市場の「見えざる手」に従う他ないはずです。

マルクスが「商品・資本の物神性」という表現で語ろうとした問題は、この「物象化」を前提しつつ、もう少しひねくれています。市場経済の下では、社会関係が「見えざる手」として、あたかも人間の意思や主体性を超えた客観的な物理法則のごとく体験されるようになり、人（の振る舞い）も心のないもの（物理現象）のようなものとして扱われるようになる、というのが「物象化」ですが、その中で本来は単なるモノ（財、商品）の集積に過ぎなかったはずの資本が、あたかも自らの意思を持って勝手に動き出すかのように体験されてしまう、というのが「物神性」です。人がモノ化されるだけではなく、モノがヒト化（「擬人化」ではないことに注意）される。資本家は自らの意思で資本を運用する主体ではなく、逆に資本という運動体の機能を果たすための機関にされてしまう。

あなたは物神性の何が気に食わないのか？

しかしよく考えてみましょう。この「物神性」への苛立ちや不安は、果たして何に対してのどのような苛立ちや不安なのでしょうか？

「見えざる手」への反感、先に「普遍的疎外」とか「物象化」とか呼んだものへの苛立ちは、本来自由な主体たるべき人間が、機械的な法則に従うだけのモノ化されることへの反感と言えます。しかしながらこれは自給自足が不可能な、資本主義市場経済に立脚した大規模な社会、ハイエク風に言う「偉大な社会 Great Society」においては個人の自由の不可欠の条件なのであり、権力者の恣意に振り回されないために受忍しなければならないコストとさえ言えます。[4] それに対して賃金労働者特有の疎外、雇用労働における対等な契約形式の下での実質的な支配の問題は、そう簡単に割り切れるものではなく、市場の論理を徹底させることによって逃れるか、あるいは逆に、職場に踏みとどまって産業民主主義によって闘うか、はケースバイケースです。ではこの「物神性」は？　それは誰にとって、どのような意味で苦痛となるのか？

「物象化」「普遍的疎外」で問題となっているのは、実際には生身の人間と付き合い、取引しているにもかかわらず、「見えざる手」のおかげでそのようには感じられない――相手の顔が見えず、個別的な相互作用もできない――、ということです。それに対して「物神性」で問題になっているのはもっと異なる事態とされる。たとえば資本家と付き合ってみたときに、その資本家が資本所有者という生身の人間には見えず、資本というなんだかわけのわからないものの人格的代理人、その機能を担うだけの機関、のように見えてしまったという経験は、普通の相互的な人間関係とは違うのはわかりますが、では、「見えざる手」のような経験とどこがどう違うのでしょうか？

もし人間のように（もしくはある程度以上知的な動物のように）、つまりは何らかの動機に突き動かされ、何らかの目的を目指しているものとしては理解できず、さりとて自然法則に従って決まりきった動きをするわけでもない、となればそれは不気味な怪物ということになります。以上のように考えれば、それが不気味で、それとの付き合いが苦痛であるのは何も不思議ではない、というより定義上（？）明らかだとは言えます。

しかし「理解できない」というのは本当でしょうか？　そんなことはないでしょう。もちろん「資本の人格化」と化した人間の振る舞いは、自然法則に従う心なきモノよりは複雑でしょうが、その動機自体は普通の人間よりむしろ単純でしょう。つまり、利潤の獲得、資産価値の最大化、金儲け、に特化しているはずです。そこにわかりにくさや怪物性というものがあるとしたら、それが巨大な組織であるがゆえに、普通の生身の人間の能力をはるかに超えている、というところでしょう。

そのように考えると、このような資本を株式会社などの形で法人化することは、マルクス的な意味での「資本の物神性」の克服などではもちろんありませんが、それへの対処だとは言えそうです。機関として活動する生身の人間たちに捉えどころがなければ、責任主体をでっちあげてしまえ、というわけです。

物象化はそう悪くもない？

整理しますと、「物象化」への苛立ちは、市場経済の下で、人格的な支配、他の人間からのストレートな拘束から自由になった人間が、市場の「見えざる手」からは自由であり得ないことへの苛立ちです。市場の「見えざる手」、資本主義的な経済法則は、本来は人間に先立つ、逆らいようがない自然法則とは異なり、人間の行為の所産であって、局所的には抵抗も可能だし、政治的な運動などを通じて変えることができるはずのものであるにもかかわらず、実際には、個人レベルではほとんど抵抗不能なものとして経験される。

それに対して「物神性」への苛立ちはもう少しひねくれたものです。すなわち、資本主義経済が発展してくると、市場における競争の主体が個人から企業に移り、「見えざる手」によって拘束される、「物象化」の直接的な被害者（？）も具体的な個人ではなく、資本の集積体である企業という「モノ」になってしまう。そして個人はこの企業という、「人」ならぬ「モノ」を相手に取引し、「モノ」の命令の下ではたらき、「モノ」から商品を買い、「モノ」のサービスを受ける。つまり「モノ」とコミュニケートして生きるようになる。これが「物神性」です。

この「物神性」がどうして苦悩や苦痛を意味するか、というのは実はなかなかにねじくれた状況の所産です。つまりそれは自由な市場経済を経由して、自由な行為の主体はあくまでも個人、社会関係の基本単位はあくまでも個人だ、という理念が常識になっているからこそ、このような「人」、いや自然人個人ならざる「モノ」というよりは「モノ」と自然人の複合体、団体としての資本主義的企業が行為の主体、社会関係の基本単位となることが、本来のあるべき姿から逸脱した異常事態として観念されてしまうわけです。

しかしながら、自然人、個人ではなくより大きな集団が行為の主体、社会関係の基本単位として受容される、という事態は、歴史的に見て全然異常でもなんでもないわけです。非常に大きく言えば「近代化」、市民革命、それを通じての私有財産制度や市場経済の発展を経由しているからこそ、その中でまた個人以外のものが主体として、「人」のようなものとして振る舞い始めるから、異常に見えるわけです。

市場の発展によって人による支配から解放される一方で、市場による非人格的な支配の下に置かれる、という事態が「物象化」という言葉で呼ばれているわけですが、そこに機械が入り込むと、非人格的な支配の主体が市場メカニズムだけではなく機械にまで見て取られる。それがどうして苦しいのか、はかなり微妙な問題です。ある意味で市場による非人格的支配は、人格的な支配からの解放のために支払わねばならないコストともいえるからです。むしろとりわけ「労働疎外」という表現で捉えられようとしている問題は、雇用関係における雇い主、資本家による労働者に対する支配が、実際には人格的な支配であるにもかかわらず、市場を経由するがゆえに、あるいは間に機械が入り込むがゆえに、非人格的な支配であるかのように錯覚されかねない、というところでしょう。

このように考えるならば資本主義経済の下で資本の集積体としての企業が「物神」として、意思ある主体として人に感じられてしまうことは、むしろ「見えざる手」の非人格的支配と見なされがちな関係のただなかに人格的支配を見出し、それを問題化するという可能性を見出せるわけですから、必ずしも異常で不健全な「錯覚」「倒錯」ともいえないのではないか、とも考えられましょう。

さて、このような「物神性」の問題に対して、人工知能の発展が何か新しい契機を——従来の資本主義の下での技術革新や組織変革がもたらした以上の何かを——付け加えるでしょうか？　私は疑わしいと思います。

人工知能はどこまで新しいか

ここまで非常に単純に「人工知能機械は人間に、とりわけ労働するものとしての人間に取って代わるのか?」と問いかけてきました。その問いに対して我々は、まずは「人工知能機械化の進展と、従来の機械化とは、本質的に異なるものと言えるだろうか?」と突っ込みを入れ、「おそらくは本質的に異なると言えるほどのことはない」と仮定しました。そして先の問いに対して「これまでの機械化と、人工知能の導入が本質的に変わるものでないとしたら、人間がそれに取って代わられることはない」と判断しました。

まず、雇用という点に着目して量的に言うならば「もちろん人工知能の産業の現場への導入によって、過渡的に多くの仕事が失われ、失業も発生するであろうが、長期的に見れば、生産性が上昇し、一人当たりの所得が増え、そうした所得が新規産業を含めた新たな需要を生み、その需要が新たな雇用を生むだろう」と考えました。

ただしここで楽観してはならないのは、そのようにして、人工知能のおかげで生産性が上がり、生産力が上昇した結果増えた所得が、人々の間でどのように分配されるか、です。

人工知能機械はとりあえずは誰かが所有する財産であるわけですから、それが生み出す富は、その所有者に多く還元されるでしょう。放っておけば、資産を持たない労働者は、人工知能による生産力の上昇の恩恵を十分に受けられなくなってしまいます。それを回避しようとするならば、人工知能の導入によってますます加速する全般的な技術革新プロセスの中で、人工知能とうまく付き合いながら、創造的な仕事にできるだけコミットしていけるようにならなければなりませんし、おそらくはそれだけでは不足で、20世紀の福祉国家が実現したような、政治的な手段を通じての所得・富の再分配を目指した社会運動(労働運動を含む)の高揚も求められるでしょう。

いまひとつ、質的、あるいは政治的・社会的な側面について見てみましょう。市場における取引や、組織の管理におけるツールとしての人工知能機械の導入が、普通の労働者や消費者の生活をますます便利に変えていく一方で、ますます管理が進行していくことも予想されます。しかしそれは果たして、これまでのいわゆる「官僚制」「管理社会」といった言葉で論じられてきた問題と、質的に異なるものでしょうか？　人工知能機械は、一貫して進行してきた管理社会化を、一層スムーズにしていくだけで、何か本質的に新たな局面を切り開くものと言えるでしょうか？　その点については、疑ってかかった方がよいでしょう。産業化の本格的な進展以降、様々な機械の導入のみならず、社会のありとあらゆるところでの組織化の進展によって、我々の生活はこれまでも激変してきたのです。これからも激変していくでしょうが、人工知能以前の従来の変化も軽く見るべきではないでしょう。

人工知能の「人間」化？

いわゆる「シンギュラリティ」――そのどこが問題なのか？

――とはいえ当然、ここまでの議論は、人工知能があくまでも便利な情報処理の「道具」以上のものではない、と言える限りでの議論です。では、人工知能機械が単なる「道具」ではなくなったとしたら……？

人工知能の爆発的進化、「知能爆発」「技術的特異点（テクノロジカル・シンギュラリティ）」を危惧する論者が提起する論点、彼らの危惧の核心は、「人工知能は量的にのみならず、質的にも人間に取って代わっていくのではないか？」というものです。つまりは、人工知能があくまでも人間、自然人の「財産」であり「道具」の範囲にとどまっていれば、つまりは自らの目的や権利・責任を持たない存在のままであれば、その引き起こす問題は以上で述べてきた、機械による雇用喪失の問題の域を超えるわけではありません。そうではなく、自らの意思を持ち、自ら権利を行使する主体として人工知能が動き出し、そのような存在として人間に取って代わる――それこそ人間を雇用し、命令を下して働かせる、公職について人間を統治する業務につくようになる可能性を、彼らは危惧しています。従来の「機械による人間（労働）の代替」を超える、人工知能技術固有の論点がもし仮にあるとすれば、ここであるようにも思われます。

これは具体的に言えば、人工知能機械が企業家に――単なるルーティン的な経営管理業務を担うのではなく、戦略的意思決定を行う能動的経営者になるということであり、また、新たな商品、新たな技術、新たなビジネスモデル、新たなライフスタイルを創出するイノヴェーターになる、ということ、そうした可能性への危惧です。あるいは狭い意味での経済、ビジネスシーンを超えたところで言えば、政治的リーダーや芸術家に、つまりは新しい価値を生む創造主体になるという可能性へのおそれです。

ただ思い切ったことを言えば、ここでそうした新しい価値の創造者としての人工知能機械が、ある意味で自然人と同等の「人」に――少なくとも、現在では主として団体に適用されるカテゴリーとしての法人に――なり、固有の権利と義務の主体となるのであれば、問題はある意味で解決、ないし先送りされると言えます。自然人以外に人工人、人造人間 artificial person とでもいうべき新たな権利主体のカテゴリーが出現する。そのこと自体の問題はもちろん極めて重大です。しかし理解不能な、面妖な問題とは必ずしも言えない。そのような存在とどのように付き合うべきか、我々は原則として知っているはずだからです。これは人工知能の言ってみれば「擬人化」ですが、しかし本当に無理なく擬人化できるのであれば、正真正銘の「人」扱いすればいいわけです。そもそも我々はお互い同士留保なく「人」だと思いなしている自然人たる他人にさえ、本当に内面があるかどうか知ることは決してできないのですから。

　このように、高度で自律的な人工知能機械を限定的にではあれ「人」扱いするということは、もちろん実務的に言えば無数の厄介な問題を派生させるでしょうが、根本的なところでは「人工知能機械がもたらす本質的に新しい問題などはない」ということまでを含意します。人工知能機械は別に新たな存在論的カテゴリーを形成するのではなく、既存のカテゴリーに――あまり高度でなければ「道具」「モノ」に、高度であれば「人」に振り分けられるのであって、未知の新しい何かわけのわからないものとして我々の前に現れるのではない。そのような機械に対しては、「人」に対してと同様、その権利を尊重し、尊厳ある存在と認め、その福祉に配慮し、そしてその責任を問うことができるし、しなければなりません。[5]

では、何が問題なのか？

もちろん、たとえばニック・ボストロムが表明している以下のような不安は興味深いものです。

我々の根本的不安は言うまでもなく「そのような機械に本当に『心』はあるのか、内面はあるのか、意識はあるのか（デイヴィッド・チャーマーズの言う『哲学的ゾンビ』ではないのか）？」というものですが、既にみたようにそもそも我々は自然人同士の間においてもその「内面」「意識」のあるなしを本当に知ることはできない。というより、そのような意味で決して他者からはうかがい知れないということ自体が「内面」「意識」の「定義」と言いますか「本質」に属するわけです。

しかし「内面」「意識」は定義上決して直接観察できなくとも、「内面」「意識」のないものはありがたがらないだろうもの、は観察できるでしょう。「内面」「意識」のあるものは主観的体験、感覚、とりわけ、単なる情報の獲得に終わらずそれが自分にとってどういう価値があるかを評価する快楽や苦痛などの感情、情動を有するわけで、そうした感情、情動を刺激する娯楽や芸術、その他それ自体で直接には生存や繁殖には役に立ちそうもないもの、こちらの方は人間の活動やその生産物として観察可能です。[6]

人間のみならず少なからぬ動物がこのような娯楽や芸術を進化のプロセスにおいて発達させてきた理由はいまだ完全にはわかっていませんが、有力な仮説は、人間を含めた多くの高等動物においては、このような芸術や娯楽は、生存や繁殖に役立つ能力・性質の副産物であり、またそうした能力・性質をもっているというシグナルとして機能しているのではないか、というものです。乱暴に言えば広い意味での「セックスアピール」だということです。しかしながら自律的な人工知能機械にとってこのような「セックスアピール」が、その生存や繁殖（自己複製・増殖）の役に立つかどうかは不明である、とボストロムは論じます。

ところが、こうした娯楽や芸術こそは、我々人間が大切に思っている価値の枢要部分を占めます。将来自然人、生物としてのヒトが滅びたとしても、その創造物たる人工知能機械が、人の娯楽や芸術を継承し、保存するのみならず更に発展させてくれるのであれば、現代の我々自然人はそのような未来を肯定できるでしょう。生物としてのヒトが滅びたとしても、その文化が継承されるのであれば、広い意味での「人間」は滅びたとは言えない、と現代人の少なからぬ人は感じるでしょう。

しかし、ＤＮＡベースの生物たちの進化のプロセスにおいては、何らかの適応的な意義があって発生し、いまに至るまで存続している娯楽なり文化なりといったものが、そしてそれを享受する「意識」なるものが、自律的な人工知能機械たちの進化プロセスにおいても同様に適応的な価値を持つかどうかは、明らかではありません。非常に直観的に言えば、未知のものへの適度の好奇心、短期的に役に立つかどうかはわからないものをあえて求める冒険心などは、ＤＮＡベースの狭義の生物の世界を超えた、普遍的な適応価を持つような気がしなくはないですが、これも「人間的、あまりにも人間的」な偏見に過ぎないかもしれません。[7]

――ですが、そのような問題について、原理的、理論的可能性としてならともかく、実際に対処しなければならない、技術的、政治的可能性として真剣に考えなければならない時が来るのは、おそらくはまだ当分先のことでしょう。

むしろ考えなければならないのは、もう少し別のことです。

5 では何が問題なのか？

「人／物」二分法の解体

資本主義は変わらない——

これまでの議論の構造は非常に簡単です。

いわゆる人工知能技術の発展は、もちろん私たちの社会に大きな影響を与えるだろうけれど、それでも、私たちの社会の構造を、それが根本的に変えるとは思えない。相変わらず私たちの経済社会は、企業を主役とする市場経済であり続けるだろうし、普通の人々の暮らしも、雇用か、せいぜい請負労働を中心としたものであり続けるだろう。

新しい技術が私たちの社会の在り方を大きく変える、とりわけ、はたらく人々の生活を、どちらかというと悪い方に変えるだろう、という予想は、全く耳新しいものなどではなく、古くは産業革命の時代から、繰り返し語られてきたことで、コンピューター技術との関連でも、20世紀後半のマイクロエレクトロニクス革命、それに伴う職場のOA／FA革命、更にはインターネットの大衆化に伴う情報通信革命が叫ばれるたびに、「人間の労働が機械に取って代わられるのではないか？」という危惧は何度も浮上しました。しかし結果的に言えば、それらの危惧は基本的には的外れでした。新たな技術導入による労働生産性の向上は、一人当たりの所得の向上、それによる消費・投資の増大という形で吸収され、雇用、労働需要の絶対減に帰結することはなかった、というのが、これまでの経験則ですし、その経済理論的なメカニズムの理解だって、欠けてはいません。

人工知能を実装した機械が、あくまでも人間が用いる「道具」にとどまるのであれば、そのインパクトは、従来の機械が職場や雇用に対してもたらしたそれと本質的に変わることはないでしょう。長期的に見れば、心配すべきは失業ではなく、生産性向上の分配が十分に労働者に還元されるかどうか、人工知能を所有する資本家との格差が大きくなるのではないか、というところだ、と。

では、もし仮に「技術的特異点」論者が予想するように、人工知能機械が「道具」であることを脱して、自律的な行動能力を獲得し、その上で人間を上回る能力を発揮するようになったとしたら？逆説的にも、そこでもまた、本質的に変わったことが起きるわけではありません。仮にそのような人工知能機械が人間を雇用して事業を営むようになったところで、それはただ単に、新しいタイプの「人間」が増えたというだけのことです。『だけ』と言い捨てて済むようなことではない」とおっしゃるかもしれませんが、そして実際問題としては大変な緊張と紛争を世の中に呼び込むでしょうが、それは我々の市場経済体制、資本主義社会を根本的に変えるとは言えません。

資本主義が変わるとしたら？

なぜそんな風な結論になってしまうのかと言えば、本書では近代市民社会が立脚している世界観、世界の中に存在する様々なものを「人」と「物」とに区別する、という枠組みの外に出ていないからです。そして「人工知能技術の発展は、この図式自体を揺るがすことはない」と想定しているからです。「技術的特異点」論者の主張する新奇さも、人工知能技術が「物」ならぬ「人」を、自然人ならぬ人造人間を生み出してしまうかもしれない、というところにあって、「人」と「物」との二分法自体を揺るがしはしない、と想定しているからです。

しかしながら、もしも、更なる人工知能技術の発展が、「人」「物」二分法の解体と再編を余儀なくさせるとしたら？　――こんな風な危惧を抱く方もおられるでしょう。

さて、そのような疑問に対して、我々はどのように答えるべきでしょうか？

そもそも我々はいまだ「技術的特異点」論者が予想しているような人工知能機械に現実に出会っていないわけですし、何事も経験してみなければわからないことが多いわけですから、まだ実現してもいない事態に備えて新たな概念枠組みを作ろうと努力するのは、あまり生産的とは言えません。

では、何もできないのかと言えば、実はそうでもありません。そもそもこの「人」「物」二分法図式自体が、もちろん、日常的な言葉遣いの世界でも、更にはもっと人為的に言語技術として整備された、法的言葉遣いの世界でも、細かく見ていけば非常に複雑微妙なものです。そこを細密に検討していけば、無数のヒントが見つかるであろうことは言うまでもありません。既に我々は「法人」概念についてちょっとだけ論及しましたし、言うまでもなく「知的財産」を典型とする「無体物」についてもいろいろ考えるべきことはあります。

しかしできることは、それだけではありません。私たちは先ほどこの「人」「物」の二分法は「近代的」だ、という言い方をしました。もちろんこれはひどく乱暴な言い方ですが、何を言いたいかはおわかりでしょう。過去にさかのぼってみるならば、あるいはこの「近代的」な世界観の土台になった西洋キリスト教世界の観念系の外側に出てみれば、いろいろな思考の素材、私たちが当たり前と思っている「人」「物」二分法とは異なる観念系に出会うことができるのではないか、ということです。——端的に、既に少しだけ論及したアリストテレスの奴隷論に、それが踏まえている人間観に戻ってみればいいのです。そしてそれを、ヘーゲルやマルクスが代表する近代的な人間観、労働観と照らし合わせてみるならば、いろいろなことが見えてきます。

徳と身分

近代的労働観再訪

ヘーゲル、マルクスにおけるいわゆる「弁証法」と呼ばれてきた労働をめぐるダイナミックな議論はつまるところ、労働を人間の本質（の少なくとも一部）をなすもの、つまり本来人間とは労働をする存在であり、労働をするという能力、性質を共有する、あるいは実際に労働をするがゆえに、個々の人間は同じく「人間」「人類」という種に属するのであり、また実際にそのことを通じて人間たちの仲間、共同体として結びつく、と考える一方で、現実の人間社会を見るならば、そう簡単に人々がみな同じ「労働」をする存在として同種の仲間であり、労働することによって結びつく共同体を作っている、とは言い難い、と見なす、という緊張の間に成り立っています。つまり実際には人間たちの間には富の偏在があり、長時間の労働をしながらその成果としての富にはろくにあずかれない貧者がいる一方、ほとんどあるいは全く労働をしない富者もいる。このようないわば「現象」と「本質」の甚だしい乖離がある、という認識が、ヘーゲル、マルクスに結晶化した近代的労働観の核にあります。

しかしこのような労働論は非常に新しいものであることに、我々は注意をいたさねばなりません。つまりそれは産業革命、いやもっと強く言えばフランス革命以降のものです。人間を労働による所有の主体として平等な仲間をなすものと明確に述べたロックの場合にも、それがもたらす不平等の問題、その不平等が労働レベルでの平等を掘り崩す可能性にまでは説き及んでいないのです。この平等原則から外れる存在としての「奴隷」にもロックは論及していますが、ロックによれば奴隷の基本形とは戦争捕虜であり、主人と奴隷との関係は戦争状態の延長なのですから、それはロックの枠組みでは、自然状態や市民状態と対比したときにはあくまで逸脱で、正常な状態ではありません。そしてヘーゲルやマルクスの場合には、そうした格差・不平等が単なる逸脱ではない――それをなくすことはおろか減少させること自体が原理的に不可能で、むしろこの「逸脱」の方が実際には「常態」であり、それゆえに原理原則としての「平等」の方が空虚な建前として原理の地位を追われかねない、という認識があります。

ロックの場合には、労働（を通じて所有）する者としての人間の平等、という原理原則があり、ヘーゲル、マルクスをはじめとした多くの19世紀の思想家の場合には、その原理に立脚しているはずの社会が、実際にはその運動の果てに、その原理原則自体を空洞化させかねないという危機意識、更にはその危機を克服していかに原理原則を再建するか、という問題意識があります。この時代の復古的反動主義者もまた、まさにこの原理原則の欺瞞を突き、それを放棄して、人間社会の秩序原理を、平等な存在同士の水平的連帯ではなく、より強い者、より正しい者、より神聖な者への垂直的服従に求めることを、自覚的に主張します。[1]

古代の逆襲？

しかし古代人アリストテレスは、当然に市民革命よりもはるか以前の存在であり、それどころかキリスト教以前の存在ですから、近代の反動主義者のような屈折や緊張などなしに、我々の基準からすればあまりにも衒《てら》いなく、人間同士の間での、自然な本性上の不平等を主張し、その本性上の不平等ゆえの身分差別を、これまた衒いもなく主張――というより淡々と、さも当然であるかの如く語ります。そうなればつまるところ、ヘーゲル的、マルクス的なダイナミズムが作動する余地はありません。本性上愚かで意志の弱い奴隷は、賢明で勇気ある自由人の支配下で労働に従事し、生存維持に思い煩うことのない自由人は、リスクをとって果敢な冒険に乗り出す、あるいは静謐な思索にふける、という分業が固定され、そのまま社会の身分的秩序を構成するということになります。

私たちは先に、それこそ近年脚光を浴びたトマ・ピケティらの研究[2]なども念頭に置きつつ、資本主義経済の下での格差の拡大傾向について瞥見しました。そうした格差拡大を近代の理念、原理原則からの逸脱と見なして、それへの反発のバネがはたらく、というのがヘーゲル的、マルクス的な近代ヴァイジョンです。それに対してもっとマイルドに、逸脱からのファインチューニングによる修正へのフィードバックが絶えずはたらく（あるいははたらかせるべき）、という穏健なリベラリズムの立場ももちろん無視はできません。20世紀におけるイデオロギー対立はおおむねこの線で、つまり「近代的な人間の平等、普遍的人間性の共有に基づく連帯、という理念を現状が裏切りつつあるので、その変革を目指すか、あるいは現状はおおむね理念に沿っていると肯定し、せいぜいそこからの逸脱をただすにとどめるか」という形でなされていたわけです。マルクス的な立場からすると、資本主義社会では格差は拡大するばかりなので、近代の理念を絵に描いた餅に終わらせないためには変革が必要となるし、後者の保守的リベラリズムからすれば、格差は際限なく拡大するわけではないし、それを正して理念を空洞化させないためにラディカルな変革はいらない、となります。

ところが20世紀終盤の現実と思想の展開は、非常に複雑なものとなりました。すなわち、資本主義へのオルタナティヴとしての社会主義への信頼が決定的に失墜した一方で、資本主義社会内の格差拡大傾向が再び顕在化してきます。つまり「格差は拡大する」という方向ではマルクスの予見は信憑性を取り戻すのですが、マルクスが提示した対案は完全に失効しており、近代の理念、原理原則を空洞化させないためのヴィジョンが見失われつつあるのです。

以上のごとき状況を踏まえて、このアリストテレス的なヴィジョンを見直すと、非常に興味深いと言えましょう。それは「労働」という普遍的本質の共有による人間の平等、という発想をとらずに、人間の本性レベルでの差別と格付けを肯定し、近代人が労働のうちに見出したマイナス部分を下級身分に押し付けます。

このような衒いのなさは、ひょっとしたらアラスデア・マッキンタイアが示唆するように、アリストテレスが動物と人間との連続性をきちんと見据え、人間はあくまでも動物の一種であり、人間と動物の違いは人間が「ポリス的動物」であることに存し、心のあるなしに存するのではない、と考える点において、デカルト以降の、しかしダーウィン進化論の到来以前の西洋近代に流布した、動物、生命を単なる機械と見なし、人間と動物の違いと、人間と（生物無生物ひっくるめての）物（モノ）との違いとを「心あるいは理性の有無」という風にほとんど同一視する考え方とは一線を画していたところに由来するのかもしれません。[3] 一時期の近代ヒューマニズムのある部分は、人間の平等を原理原則として打ち立てるために、ことさらにその理由付けを動物との差別化において行う嫌いがないではなかったわけです。それに比べればアリストテレス的なパースペクティヴは、人間と動物との間にそこまで明確な差別を設けず、ある連続線上に置きます。しかしそれはもちろん、人間と動物とを対等な、等価値の存在とするわけではなく、ある序列、ヒエラルキーの下に置くわけです。そしてそのヒエラルキーの中で、動物の中に高等なものと下等なものの序列付けが行われるのと同様に、人間の中にも徳の高い者と低い者との序列付けが自然に行われるのです。

人と動物、動物としての人

興味深いことに、20世紀終盤、上述の20世紀的なイデオロギー対立の失効が意識され始めたあたりから、哲学の世界、とりわけ倫理学と政治哲学の領域では、アリストテレス復興の機運が高まっています。それはもちろん、身分制の肯定、差別の肯定を含めた復古的反動という意味においてではありません。人間の平等と尊厳を高く掲げるあまり、あるがままの人間を、どのような性質、能力を備えていようがあるいはいまいが「人間でありさえすればそれでよい」と肯定するあまり、それでも現実に人間たちが社会を作り、他者とかかわっていく上で備えなければならない特定の性質や能力への洞察を相対的に軽視した、カント主義や功利主義の倫理学の弱点を突き、人間の具体的な性質や能力——古典的な言葉でいう「徳」を涵養《かんよう》することの重要性を強調する観点から、アリストテレスが読み直されているのです。それはまた近代的なリベラリズムの欺瞞を突く、マルクスの近代批判や、あるいはニーチェの流れを汲むポストモダニストにも通底する発想であると言えます。

もちろん近代思想における「徳」の軽視はあくまでも相対的な問題であって、たとえばヘーゲルは相対的にこの「徳」の涵養としての人間形成=教養（言うまでもなく労働はその一契機でもあります）を重視したと言えましょう。現実の人間はともすれば弱く傷つきやすく、十分な「徳」を備えてはいない、かといって全く「徳」を欠いているわけでもない、そのようなあいまいな存在なのだ、という問題への関心がとみに広まっているのは、文化的・民俗的・宗教的、あるいは性的マイノリティ、子どもや高齢者、障害者といった、標準的ライフサイクル・ライフスタイルから周辺化された人々の問題や、更に人間と動物との関係がクローズアップされてきているからでもあります。

しかしながら、以上のような、近代の達成を踏まえた上で、それが取りこぼしたものを拾うためのアリストテレスやその他古典的な発想の復興が目指されている一方で、その陰で、あからさまに人間を序列付ける発想の密輸入もまた、知らず知らずのうちに進行しているのではないでしょうか。人間と動物の連続性と対等性を強調するその返す刀で、人間と動物の間に存する差異と本質的には同様の（ただ程度において小さいだけの）差異を、人間同士の中に発見しようとする視線が、形成されつつあるのではないでしょうか？　アリストテレス主義者ではない、まさに近代の正嫡たる功利主義の流れを汲むピーター・シンガーの生命倫理学・動物倫理学的議論の中にも、このような発想を見て取ることができます。[4]

非常に乱暴に言えば、ここで言う近代的二分法とは、世界の中に存在するものを「人」と「物」とに大別して、道徳的行為の主体であるのみならず、道徳的配慮の対象となるものは「人」のみであり、「物」はもっぱらそのために動員される資源として扱ってよい、という発想です。その場合動物は、基本的には「物」の側に組み入れられてしまいます。それゆえ実際には近代世界においても動物は道徳的配慮の対象ですが、あくまでも「人」とは区別して扱われ、様々な変則を引き起こさざるを得ません。それに対してアリストテレス的（というと本当は語弊があるのですが）世界観の場合には、このような截然たる二分法は必要ありません。人と無生物の間に動物、植物といった生物を入れることができますし、アリストテレスを受け継いだトマス・アクィナスなどの中世キリスト教神学などを参照すれば、人間と神の間に天使を入れることもできます。存在のヒエラルキーのなか、それぞれの存在はそれぞれの階梯に応じて、相応の道徳的地位を得るわけですが、当然のことながらそれらは互いに平等ではありません。

ＡＩと身分制

資本主義社会における格差の拡大が、ヘーゲルやマルクスが展望したような政治紛争、階級闘争を引き起こさないのであれば、起きたとしてもそれがカウンターウェイトとなって格差に歯止めをかけたりするようなことがなければ、単なる階級社会というより、むしろ「前近代的」と思われてきた身分制社会への回帰が起きてしまうのではないか？　――このような危惧は、それほど非現実的なものとは言えないかもしれません。

――そう考えるならば、ＡＩの発展は、資本主義社会の身分制社会への移行の可能性を、いくつかの意味で促進しかねないものだと言えます。

第一に、既に指摘してきましたが、ＡＩを実装したシステムが生み出した経済的付加価値の多くは、その所有者、知的財産としてのＡＩソフトウェアやそれを実装した機械、ハードウェアの所有者などの権利者に帰属するところが大きいでしょう。20世紀末における情報通信革命のみならず、人工知能ブームでさえ現在のところは、新しいシステムを利活用し、あるいは開発する人材への報酬を上げる方向ではたらくところが大きいと思われます。それはもちろん、そのようなスキルを持つ労働者とそうではない人々との間の格差を広げるわけですが、一方でそうした格差は、教育訓練、人的投資の普及によって、つまりは再分配による生産性の低下を招くことなく、改善できるかもしれません。しかしながら、「技術的特異点」とまではいかなくとも、人工知能システムの自律化が進み、システムの自己改良、無人でのシステム開発が部分的にでも実用化されるようになってくると、人的資本よりも物的資本、金融資産を持つ古典的な意味での「資本家」の取り分がますます多くなってきて、労働者間の格差以上に、労働者と資本家の格差がどんどん深刻になる、というマルクス＝ピケティ的状況は加速されるでしょう。

　では、第二に、そのような状況に対抗すべく、労働者の側で何ができるのか、というときに、もちろん労働組合などの政治的な圧力で再分配を要求する、という戦略もありますが、それ以上にやはり問題となるのは、「ＡＩに負けない」ための人的投資でしょう。この「ＡＩに負けない」ために人間も強化せねば、というたぐいの議論は、ＡＩの脅威について警鐘を鳴らす「技術的特異点」論者の一部のみならず、ＡＩの産業への導入に関心のある大方の経済学者の主張するところですが、しかしそれは一体、何を意味するのでしょうか？　もちろんある程度のところまでであれば、生身の人間のレベルで、考え方を変え、イマジネーションを膨らませ、柔軟な発想をすることで対応していくことが可能でしょう。しかし「技術的特異点」論者が展望するような自己改良、無人開発が実用化される段階に至った人工知能システムを前にした時には、そもそもそのような人工知能システムの方がそれこそ道徳的には「人」扱いしなければならないような「人造人間」となっている可能性もあるわけですが、人間の方でももはや自然人ではなく、身体に情報機器を埋め込み、ネットワークに常時接続し、意思決定支援にコンピューターを使い、ブレイン・マシン・インターフェース、いわゆるＢＭＩ(Brain-Machine Interface)によって、機械に神経を接続して直接用いるような、「サイボーグ」化した存在になってしまっているかもしれません。そのような世界では、人間そのものが身体的に、互いにずいぶんと異なった存在へと、分岐していく可能性さえ無視できません。

そして第三に、自律型の人工知能を実装した機械システムの一部が、一種の「法人」として、限定付きではあれ権利と責任の主体として、つまりは「物」ならぬ「人」として社会の中の一定の層を占めるようになれば、それはそれ自体として新たな「身分」の――「自然人」とはある面では同じような、しかし他の多くの面では異なる権利と義務を備えた新しい社会的カテゴリーの形成を意味するでしょう。[6]

更に言えば、そのような「人格」を認められないまでも、一定の自律性を備えた人工知能機械にも、おそらくは独自の法的、社会的地位が与えられないわけにはいかないのではないでしょうか？ここで我々が提唱したいのは言うまでもなく、ある種の人工知能機械と、人間以外の動物、生物とのアナロジーです。

Internet of Things[7]

主としてインターネット上を勝手に動き回って仕事をするプログラムに対する呼称として使われることが多いですが、「ボット bot」という言葉を聞いたことがある方も多いかと思います。これはコンピューター・ネットワーク上にアップロードされたら、あとはネットワークに接続されたたくさんのコンピューターの上にコピーされ、そこで送り手によってあらかじめ仕組まれた命令を、必ずしもコピー先のコンピューターの持ち主によって命じられることなく、勝手に遂行していくプログラムのことです。もちろん、コンピューター・ウィルスのように、有害なもの、破壊的なものもこの「ボット」の一種と言えますが、今日の状況を考える上で重要なのは、むしろウィルスに当たらないボットの方でしょう。

物理的な実体を持ったロボットと区別するためか、「robot」の語頭の「ro」を落とし、「bot」と呼ばれるようになったのですが、考えようによってはこれも立派なロボットの一種です。しかしその本体は物理的実体のない「ソフトウェア」であり、インターネットが大衆化して以降、たくさんのコンピューターがネットワークでつながったサイバースペースを、半自動で自律的に動き回っています。ここでは、SFに描かれたファンタジーや想像力の世界に、現実の方が先行している、と言ってもよいでしょう。古典的なSFの想像力は、ロボットや人工知能のありうべき未来として、人間と同等かそれ以上の能力を持つ自律的な主体の到来を予感しました。しかしながらこのボットや、それらが介在するネットワークとしてのIoT（Internet of Things）とは、人間と、心（意志とか意識とか）を持つ人造人間としてのロボットたちが織り成す社会というよりは、意志を持たない自律的な機械としての人工微生物や人工植物たちの織り成す人工生態系としてイメージされるべきものです。あるいはひょっとしたら、それ自体で一個の生物個体であり、個々のボットや機械はその大きな生物個体としてのネットワークの器官、組織、細胞のようなものというべきかもしれません。

読者の皆さんの使っているパソコン、スマートフォンも、今日ではインターネットにほぼ常時つながっているでしょう。そして基本システムであるOSをはじめとして、その上で動くソフトウェアのほとんどは、いまや我々ユーザーがいちいち操作しなくとも、自動的に更新されるようになっています。インターネット普及の初期の頃までのパソコンは、まだいわば「閉じた」状態、スタンドアローンの状態の方が基本であり、電話をかけるように、ユーザーがいちいち個別の操作を意図的に行うことを通じて初めて、外界たるネットにつながるようになっていました。プログラムの更新は、ディスクや電話回線を通じて、ユーザーが必要なときに自分の判断で行っていました。しかし今では、ネットに常時接続しているのが当たり前。そしてネットにつながっている限り、こちらが頼みもしないのに、「あなたのパソコンはそのままだと危険だから直しました」などといってきます。こうなると一台一台のパソコンは、それ自体では自己完結した機械とはもはや言えなくなっています。あえていえば、ネットワーク全体が一個の機械であるような、そんな状況になっているのです。繰り返しますが、個々のパソコンは、既に巨大なネットワークの一部分を構成する「器官」「細胞」のようなものになってしまっているのです。

それを人間を含めた生物個体と比較してみましょう。個々の人間を含めた生物個体は、それぞれにかなりの程度閉じています。もちろんその体内では、別に意図していないのに神経が化学物質を使って情報を伝達しまくっています。しかしそれぞれの個体は独立していて、そのつもりなしに、無意識に他人とコミュニケーションをとることはありません。個体の中での器官間、細胞間のネットワークの在り方と、生態系のレベルでの生き物個体同士の関係とは、かなり異質です。

初期のコンピューター・ネットワークが、生物個体同士、というより人間同士の意図的なコミュニケーション関係をモデルとしてイメージされていたとしても、現在のそれは相当に違います。現在のコンピューター・ネットワークのつながり方は、人間同士の会話のようなものというより、生物の身体の中での「器官」同士、もしくは「細胞」同士の情報伝達のようなものになっています。そのようなネットワーク世界の中では、ロボットも当然、従来、ネット時代以前のSFで考えられていたようなもの、あるいはネット時代以前に実用化されていたような産業ロボットなどとは、ずいぶん違ったものにならざるを得ないわけです。具体的な身体を持っていないにもかかわらず、ネットワーク上で自律的にはたらいているボットはその一例なのです。

第二の自然

このようなシステムが目指しているのは、人間がいちいち操作する必要がないという意味では自律的に作動する一方、人間がそれに対して「責任」を負わせることができるような「人格」を備えているわけではない、いわば「人工の自然」のようなものでしょう。

人間が生存している環境を取り巻く生態系自体、家畜、役畜、ペットなどの動物や、農作物、栽培植物や人工林、更に入会地、里山などは、人為的な介入によって作られ、いくぶんかは意図的に管理されている、既に一種の人工物であることは言うまでもありません。もちろんその中にも、家畜や農作物、それらを養うための土地など、わかりやすく「財産」として人によって所有・管理されているものもありますが、入会地や里山の場合には特定の人の私有財産ではなく、共同体に属していることが多く、しかもそうした共同体が自然人に対置しうるような明確な輪郭――たとえば法人格――を持っていないこともあります。このような生態系の総体は、いくぶんかは人間によって自覚的、意図的に配慮され、管理されてはいますが、そうした管理は完全ではなく、相当な部分が、人間によって十分に理解されることなく、その自律性に任されてもいます。

更にそこに重ね書きするようにして、DNAベースの生物ではない、金属やシリコンやプラスチックで構成され、その動力源も様々だが、情報伝達と制御は主として電気的・電子的に行われる機械群でできた人工生態系が展開される、と想像してみてください。たとえばいわゆる「サブスクリプション」の名の下に進められているeコマースの戦略は、そのようなものではないでしょうか？

サブスクリプション・エコノミー

具体的に見ていきましょう。Amazon のレコメンド（おすすめ機能）は、かつてであれば人間にしかできなかったような、顧客の好みやライフスタイルを類推して、買ってもらえそうな商品を提案する、という機能を、機械学習、統計的情報処理の自動化によって機械化しています。このような技術革新の方向は、言うまでもなく我々のライフスタイルを、そして社会のありようを大きく変えていくでしょう。

これまで、私たちにとっての買い物、ショッピングの普通の在り方は、店頭なりカタログなりで商品を見比べ、自分の好みや価値観、そして経済状況などと照らし合わせつつ、何を買うかを決断し、選択する、というものでした。売り手の側も広告を含めた様々な手練手管を駆使して、顧客の選択に影響を与えようとしてきました。その延長線上に、Amazonのレコメンド機能は位置しています。しかしながらその発展は、あとひと押しで、ただ単に顧客の選択に影響を与えるとか、あるいは操作するとかいった域を超えて、新たなレベルに入り込もうとしています。どういうことでしょうか？

たとえば私たちは生活必需品、というより文字通りの「生命線《ライフライン》」として、水道や電気、ガスの供給を必要としており、また電話、そして今日ではインターネットのサービスも必要としていて、それらを代金を払って購入しています。しかしそうした買い物は、普通の意味での買い物とは違います。同じく生活必需品とは言っても、食料、食材を買うときには、我々はその都度その都度の意図的な選択をベースとしている場合が多いでしょう。その日のおかず、お惣菜を店頭で、あるいは家で料理するための食材も、その日のメニューに合わせて個別に買います。しかし水道水や電気・ガス、あるいは電話・インターネットはそういうものではありません。もちろんそこでも、特に民営化・市場化の波が訪れてからは、複数の業者間の競争があり、選択が行われます。しかしそういう選択も、せいぜい契約する業者の選択であって、個別のサービスの選択ではありません。たとえば今日はA社の水道水を買い、あすはB社だとか、今回の通話はX社だけど、次回はY社にするとか、そのような意味での選択的買い方はしません。特定の業者と一定期間契約したら、その期間はそのサービスを使いっぱなしです。もちろん使用量に応じて、支払う代金が変化することはありうるとしても。

Amazonのレコメンド機能は、そのようなライフライン、公共性の高いインフラストラクチャー・サービスの購入行動に非常に似通ったものに、普通の買い物、従来であればその都度その都度の選択を中心にしてきた購買行動を作り替えていく可能性があります。既にその方向に大きく一歩を踏み出しているのが、音楽・映像ソフトのストリーミング・サービスです。コンピューターの高速化、メモリの大容量化、通信の広帯域化によって、音楽・映像ソフトの流通形態が、ひと昔前のテープやディスクなどの物理的記録媒体へのパッケージ化ではなく、通信回線を通じてのものへとシフトしています。その中でソフト供給業者たちは、取引の基本を、かつてならひとつの記録媒体にパッケージ化された個別の作品の選択的取引ではなく、ライフラインの供給サービスのように、一定期間・一定容量での供給業者との通信を丸ごと購入させる、という方向へとシフトさせていっています。とはいえ音楽・映像ソフトは電気・ガス・水道、あるいは電話・通信サービスなどとは異なり、個別の作品はいずれも個性が強く、どれも一緒の同質なコモディティ（電気・ガス・水道はもとより、穀物や鉱物などもコモディティの典型です）ではないため、このような一括取引にはなじみにくいところがあります。そこでものをいうのがレコメンド機能です。顧客との取引データを大量に集積し、それを基に顧客の嗜好を推測して、顧客の選択に先んじて業者の側から、顧客が好みそうなアイテムを提案するのです。この仕組みが発展していけば、顧客の選択に影響を与える、どころか、それを全体として業者が先取りすることによって、顧客を選択から解放することさえ可能になるのではないでしょうか？

もともとは書店から出発したはずが、いまや書籍や音楽・映像ソフトはおろか、消費者が欲するようなものであればなんでも——それこそ食料品さえ供給するようになったAmazonをはじめとするeコマース業者は、このような音楽・映像ソフトのストリーミングで成功しつつあるモデルを、ソフトではなくハードな実体のある商品にまで広げていこうとしています。つまりは、食料品で言えば、日々の献立を提案し、それに必要な食材を自動的に買い付ける、といったサービスまで展開しかねないところに来ているのです。つまり、従来は基本的には消費者の自由意志に基づく選択によって行われていた「買い物」の構造を作り替え、消費者の選択を不要とする方向へと、ｅコマースは向かいつつあります。

更にこの仕組みの大変に興味深いところは、顧客、消費者の側の意図的、能動的な選択やはたらきかけの必要を減らしていくだけではありません。実はサプライヤー、企業の側でも、大枠の戦略が決まって以降は、能動的、戦略的な経営判断の負担をどんどん削っていく、という方向性をも、我々はここに見て取ることができます。[8]

もちろん現状では、Amazonには人間の株主がおり、彼らが戦略の大枠、グランドデザインを決めており、自動化されているのは意思決定の下位レベルでの日常業務をあまり超えてはいませんし、そこから上がる利益の多くも彼らが取得しています。とは言えAmazonが株式の配当をあまり行わず、利益の相当部分を更なる投資に回してひたすら拡大している、ということもよく知られています。そうなると「意識などはもちろんなく、ひたすら株価、企業価値の最大化を目指すだけのＡＩに、最終的意思決定を全面的にゆだねて、株主は発言せずただ株価をにらんで売り買いするのみ、という企業経営も、いずれは可能になるのではないか？」という疑問も、当然頭に浮かんでくるでしょう。それはそれで興味深い問題ですが、ここで言いたいのはそういうことではありません。

人と動物の間、そしてAI

このようなシステムにおいては、その全体を所有し、そこから上がる利益を得、問題が起きればその最終責任を負う人間がいようが、そうした人間が意図的に選択するのは大まかな方向性、グランドデザインだけで、末端から中間の具体的な仕事の多くは自動化されています。しかもその「自動化」とは言うまでもなく「与えられたプログラム通りに動く」ことではなく「学習を通じてあらかじめプログラムされてはいなかった仕事もできるようになる」ところまでを含んでいるわけです。その意味でこのようなシステムの中間、末端はそれぞれに高度な自律性を持っている。ただしその自律性は「ほとんど人間扱いできる」つまり責任を負わせたりすることができる、あるいはその権利や尊厳を尊重せざるを得ないようなものである必要まではない。

このような性質を持った存在を、我々は実はすでに知っているのではないでしょうか？　そう、家畜、役畜、ペットなどの動物たち、そして農作物などの栽培植物です。もちろんそれらはかの「近代的二分法」では「物」であってその限りでは無生物たる鉱物資源や機械や道具と同様ですが、実際には非常に特殊なタイプの「物」でもあります。とりわけわかりやすいのはもちろん、動物です。動物は「物」であり、家畜やペットは財産ですが、財産だからと言って人が自由に処分できるわけでもありません（本当に自由に、全く他人の制約を受けることなく好き勝手に処分できる「物」は意外と少ないのですが、それはさておき）。のみならず現代の「動物福祉」という概念に結実しているように、動物はれっきとした道徳的配慮の対象なのです。「動物の権利」はまだ問題含みの概念ですが、「動物の福祉」は、少なくとも建前としては既にほぼ完全に定着していると言えましょう。[9]

そして当然ながら、このような道徳的配慮が及ぶ動物、更には植物を含めた生物は、家畜やペット、農作物など人間の所有する財産であるような生物たちだけではありません。野生動物、野生の植物相、生態系もまた、道徳的配慮の対象であり、人や法人、公的機関が配慮し管理すべき対象として位置付けられています。しかも野生の動植物や自然生態系に対するそうした配慮や管理は、それらが財産ではない以上、「支配」ではありえません。

AIと動物

もう、私の言わんとするところは大体おわかりでしょう。ここで非常に乱暴に「近代的二分法」と呼んできた世界観、それはローマ法に遠い祖先をもつ近代法もまた共有するところのものですが、世界の中のあらゆるものを「人」か「物」かのどちらかに分けます。権利と義務の主体であり、道徳的な配慮の対象になるのは「人」だけであり、「物」は「人」が利用する手段、道具、資源でしかありません。ある「人」がほかの「人」を手段としてあるいは資源として利用する際には、その人の許可、合意を得るか、その人の道徳的地位を脅かさないような仕方でしなければなりませんが、「物」に対してはそのような配慮はいりません。そして「物」は原則的に「人」の財産となりえます。つまり「所有」されることができます。

この場合、動物や植物などの生き物は「物」の方にくくられます。特に高等動物、とりわけ役畜やペットとなるような動物は、人間から見て意思や感情があるように感じられるにもかかわらず、原則的には「物」扱いされます。

また別の意味で厄介なのは法的に「無体物」と呼ばれるものの中のとりわけ「知的財産」、知識や情報です。これらの一部についても、権利者以外のアクセス・利活用を制度的に制限して、擬似的に権利者による独占的利活用を可能とし、強引に「物」扱いして財産、所有権の対象とします。

もちろん実際には生物は無生物とは様々な意味で異なるので、その違いは道徳や法のレベルでも、便宜的な手直しや例外規定の域を超えた原則的な区別を要求するわけです。動物について言えば「動物の愛護及び管理に関する法律」をはじめとしたいくつかの法があり、「動物福祉」というアプローチは畜産などの領域でも既に一般的なものとなってはいます。しかしいまだ動物は、そのままでは権利や義務の主体とは見なされていません。しかも、役畜やペットなど既に人の財産であるような動物については、それに対する配慮の責任の主体をその所有者に求めることができますが、野生動物の場合には簡単にはいきません。その場合、責任主体は公共社会、具体的には国家などの公的機関ということになってしまいます。

このように、現状は決して安定しているとは言えませんが、既に我々は道徳的には、人以外の動物の少なくとも一部を道徳的な配慮の対象として、単に手段や資源として好きなようにしていいわけではない存在として認めています。「人／物」二分法は既に失効し、少なくとも三分法が必要とされています。

ただ、このような動向に戸惑いを感じる向きもあり、そうした戸惑いにはそれなりに根拠があります。「人／物」の二分法はいかにも乱暴なものですが、「人」と「物」の差別というも愚かな区別というコストを払って、「人」の側にくくられた者たちの間での全体的な平等、対等性を保証してくれているように見えます。この二分法を揺るがし、「人」と「物」との間に第三カテゴリーを入れて、しかもそれを「人」ほどではなくとも道徳的配慮の対象とすることは、人間の尊厳と、更に言えば人間同士の間での平等をも揺るがしてしまうのではないか——そのような危惧が生じるのも、仕方がないことでしょう。なんとなれば「人／物」の二分法においては、「人」の中の無差別性を担保するのは簡単でしょうが、たとえば道徳上の根本的な区別を「生物／無生物」としてしまった上で、更にその「生物」の中で「人／人以外の生物」を設けようとするならば、その区別の根底性はどうしても揺らがざるを得ないでしょう。のみならず、「人／物」二分法の場合には、それ以上の区別は必要ない——区別がなされるとしてもそれらはせいぜい便宜的、技術的なものでしかなく、道徳的に根本的、本質的な重要性のある区別ではない——と考えることができますが、「人／人以外の生物」の区別の場合にはそうはいかないでしょう。しかしこの区別はもはや根本的なものではなく、「生物／無生物」という区別に比べればはじめから二次的なものとして相対化されてしまっています。そうなると、人と他の動物・生物の間のみならず、人と人の間に区別、道徳的序列付けをすることへの抵抗が少なくなってしまうのではないでしょうか？

現代の生命倫理学・動物倫理学においては、動物に対して福祉的配慮を要するのみならず、その権利や尊厳を認めなければならない、という議論の延長線上に、そのような動物と人間とのある意味での道徳的な同格性を認める可能性が議論されています。しかしこのような議論は、動物に対して権利や尊厳を認める根拠として、知性や感受性を持ち出しますので、知性や感性を基準として動物と人間を比較し、ある種の動物がある種の人間よりそのような基準においてより道徳的な配慮・尊重に値する、といった議論がなされる可能性があります。実際、よく知られている通り、功利主義の立場に立つピーター・シンガーは、主として感受性を根拠として、ある種の高等動物が、重篤な精神障害・知的障害をもつ人間に比べて、道徳的に尊重される可能性について論じています。[10] のみならず、一部の徳倫理学者においても、類似した議論が見られます。[11] 徳倫理学においては、近代倫理学において支配的な功利主義やカント的権利論とは異なり、人間それ自体の道徳的価値——特定の個人の人格それ自体の道徳的評価が、必ずしも避けられません。近代倫理学、ことにカント主義においては、個人の人格の尊厳は絶対的であるがゆえに、人の性質、気質、人となりそれ自体は道徳的な評価や規制の対象から外され、基本的には具体的な行為が評価と規制の対象となります。それに対してより伝統的な徳倫理学においては「あの人は立派な人だ」「あの人はダメな人だ」といった評価が回避されません。そこでは道徳の本態は行為を統制するルールではなく、行為する能力、人の性質、気質としての「徳」と見なされます。そして「徳の高い人」もいれば「徳の低い人」もいる、ということになります。[12]

このような憂慮をはらみつつも、動物政策の方向は今後ますます、仮に「動物の権利」まではいかなくとも、より一層の動物の福祉、更には尊厳を尊重する方向に進んでいくと思われます。そしてこれといくぶん似通った展開が、今後の人工知能技術の発展次第では、十分にありうるのではないでしょうか？　単純な動物アナロジーがどこまで成り立つかはともかく、人間と同格の「人格」を備えた存在とは言えず、かといってもはや純然たる道具として扱うわけにもいかない、いわば中途半端な存在、人工生命、人造動物に、人工知能機械がなってしまう可能性は、それこそ「人格」を備えた人造人間の到来の可能性に比べれば、はるかに高いのではないでしょうか？

「もともとは人工物ではない生物には、野生のものが存在する——というよりそちらの方が多いが、人工物であるしかない人工知能機械には、野生のものがありえない。となれば、どれほど自律性を高めた人工知能機械であろうと、それ自体が法人格を認められて自分自身の所有者にならない限りは、誰かの所有する財産であるしかないのだから、結局その所有者の管理下に置かれるしかないし、それで大概の問題は処理できるのではないか？」という反問を、すぐに思いつかれるかもしれません。しかし本当にそうでしょうか？

極めて自律性が高い、つまりある程度であれば自分で動力を補給したり、自己修復したり、極限的には自己複製したりするような機械であれば、誰の所有下、管理下にもない状態で野生化する可能性は、理論的には無視できないのではないでしょうか？　ハードウェアを備えた普通の意味での機械ならともかく、もはや作者の管理をも離れてネットワークの中で存続するボットなら、既に我々とともにあるのですから。

現に、とうてい自律的機械とは呼べないまでも、野良ドローン、行方不明のドローンの問題はたびたび報告されるようになっています。このような野良ドローンが、高い自律性をもって、勝手に動き始めたら？

このような、動物と似たような意味で、あるいはひょっとしたら全く異なった意味で「人」と

「物」との中間にある存在に人工知能機械、ロボットがなり始めたら、それは動物倫理以上に、従来の伝統的な私たちの道徳や法の枠組みを揺るがしかねないでしょう。そしてそれは更に、いまのところ「人」の中味である私たち人間、自然人にも跳ね返ってくるでしょう。生物医療科学的なアプローチによって、あるいはブレイン・マシン・インターフェースや人工臓器などの、人工知能技術と縁が深いサイボーグ技術によって、自然人にもまた手が加えられていくならば、長期的には自然人の間の同質性自体が揺るがされ、人間もまた多様な、互いに別種の存在へと分岐していく可能性がありそうなったときに、旧来の「人／物」図式が前提としていたような、人間の法的・道徳的な同格性、近代的な「人権」理念は、どこまで守り切れるでしょうか？ そうなったとき人間の社会は、再び身分制的なものに変化していかざるを得ないのではないでしょうか？

エピローグ

AIと資本主義

本書は「ＡＩ時代の労働の哲学」を標榜してきましたが、この主題を追究していれば我々はどうしても「ＡＩと資本主義」という大問題にたどり着かざるを得ません。本論についても我々の議論は、経営や創作、技術開発を含めた広い意味における労働をも射程に入れつつ、それでも焦点はどちらかといえば資本主義的経営に従属する雇用、請負その他の従属的労働とそれに従事する人々の命運の方に当てられてきました。そしてその論点をより本格的に掘り下げようとするならば、我々の議論は「資本主義の下での従属的（疎外された）労働の分析から、より広義の労働の分析へ」という視点のみならず、「資本主義の下での労働の分析から、資本主義全体の分析へ」という視点をも必要とするはずです。

本書においては、時間と紙幅の制約から、そのような「ＡＩ時代の資本主義の哲学」にまで説き及ぶことは十分にはできませんでした。そこでしめくくりに、「ＡＩと資本主義」をめぐるいくつかの論点につき、予備的に論じておきたいと思います。

ＡＩと「資本主義と社会主義」

社会主義計算論争

既に触れましたが、かつて冷戦時代においては人工知能、コンピュータリゼーション、情報化は資本主義、自由市場経済体制と、社会主義的計画経済体制との間の相違を薄め、両体制の収斂に寄与する、という予想がありました。

資本主義の下では、先進的大企業は、その経営管理においてコンピューター、高度情報処理システムを活用して、精密な予測と経営計画を立案する。それによって、市場の見えざる手、価格メカニズムに従属するのではなく、むしろ顧客を、競争相手を、そして市場そのものまでをコントロールするようになる。また社会主義の方でも、かつて戦前における「社会主義経済計算論争」[1]においてミーゼスやハイエクなどの厳しい批判者によって指摘された「計画経済運営が必要とする膨大な量の計算」という困難を、コンピュータリゼーションによって克服していくだろう——このような展望が、冷戦時代には支配的だったとさえ言えます。

「社会主義経済計算論争」以来のこの予想の可否は、理論的、学術的にではなく、歴史的現実そのものによって決着がついた、と言ってもよいわけですが、基本的な論点は、ロシア革命の余燼も消えやらぬ時代である「経済計算論争」の初期、まだ現実の体制としての社会主義の実態が海のものとも山のものとも知れなかった時代において、既に提出されていました。

大雑把に言えば、第一に、計画経済の実行のために必要な膨大な計算の困難性、第二に、仮に計画が立案できたところで、それを実行すること、とりわけ現場の組織・人々を計画に従わせることが果たして可能かどうか、という問題です。その後の現実の社会主義経済の展開をも踏まえて論争は長く続きますが、主要な論点は以上二点のヴァリエーションだと言えましょう。

社会主義への楽観論

ここで注意すべきは、冷戦の終焉、社会主義体制の崩壊からすでに一世代以上を経た今日においては、社会主義計画経済の不可能性、とは言わずとも不合理性はほとんど自明のものと見えますが、少なくとも20世紀の半ば頃まではそれは決して自明ではなかった、ということです。

20世紀前半における世界恐慌と長期不況、更に第一次・第二次世界大戦における戦時動員、経済統制の経験は、資本主義市場経済への悲観論と、計画経済、市場経済に対する政治的統制の可能性に対する楽観論の根拠となりました。そして第二次世界大戦後の西側自由主義陣営の資本主義諸国においても、ソ連東欧圏におけるような全面的計画経済ではなくとも、重要産業の国有化や社会保障の充実などの形での市場経済への政治的介入は一般化しました。実際その下で西側諸国は未曾有の経済成長を遂げたわけです。他方ソ連東欧圏も決して停滞的ではありませんでした。特に高度成長時代においては、ソ連の軍備拡大や宇宙開発は、アメリカ合衆国や西側を時に凌駕するものとも見えたのです。

このような現実を踏まえて、学問的、理論的なレベルでも、少なくとも1970年代頃までは、社会主義計画経済はそれなりに合理的で、資本主義的な市場経済に匹敵するパフォーマンスを上げうるシステムである、という見解が、広く受容されていました。

まず、社会主義が抱える上記の二つの難点についていえば、大雑把には二つのアプローチでのその困難の緩和が期待されました。

第一には、既に第二次世界大戦前にオスカー・ランゲが導入した市場社会主義のモデルに代表される、計画経済に対する市場原理の部分的導入、現場への意思決定権限の部分的移譲、というものです。経済計画当局が解かねばならない問題とは、要するに、競争的市場が「見えざる手」によってたどり着く結果をシミュレートすること、それによって、それと同等かそれ以上に効率的な資源配分を見出すこと、です。そうであるならば、社会主義においても市場を廃止せず、逆に資本主義体制以上に活用すればよい。それがランゲのアイディアです。資本家が所有し、自らの金儲けのために経営するのではなく、国有化された公共団体としての企業が、それぞれに割り当てられた資金の最大化を目指して、価格メカニズムに従い、市場の中で自由に競争すれば、資本主義におけるのと遜色ない成果を得ることが可能である――そのようなプランをランゲは構想しました。つまり、机上の計算によって市場をシミュレートするのではなく、別の素材（つまり資本家の営利企業たちではなく公共団体たち）によって、機能的には市場と同じものを作って実際に動かし、同等の結果を出そう、と。成果の一部をボーナスとして現場に還元することによって、これは計画に従う動機、インセンティヴを現場に与えることにもつながります。

そして第二に、本書での論点にかかわっていえば、コンピュータリゼーションによって机上の計算、シミュレーションの精度が上がり、計画のための計算がより容易になるだろう、という予想です。[2]

それに対して、資本主義の抱える問題、困難についての認識も、第二次世界大戦後、高度成長時代には深まりました。戦前における大恐慌、長期不況と、戦時動員の体験は、少なくとも緊急時においては政治主導の経済統制の有効性を裏付けるものと思われましたし、戦後高度成長の下での公害、環境汚染の深刻化は、「市場の失敗」、私有財産制度のうちにうまく収まらない社会経済問題に対する政治的・行政的手段の必要性への認識を高めました。

それだけではありません。少なくとも1970年代頃までは、コンピューター化、情報化はどちらかというと「市場の失敗」を生むもの、私有財産制度、市場経済の手には負えないものという印象でみられることが多かったのです。[3]情報、知識は容易に複製可能で、独占が困難であり、私有財産制度の枠には収まらず、公共財や公害同様、市場経済によっては管理できない、と考えられました。情報化以降の先端的技術革新は学術研究と連続的で、公的な研究機関や大学によって担われ、民間の企業の手には負えなくなる、という予想さえありました。

こうした予想が誤っていたことが誰の目にも明らかになったのは、議論の多少の余地はありますが、おおむね1980年代頃のことです。実際には情報化以降においても、いや情報化時代においてこそ、技術革新における私有財産制度と市場経済の、公有制、社会主義計画経済に対する優位性が明らかになったと言えます。では70年代頃までの比較経済体制研究は、どこを見誤っていたのでしょうか？

資本主義とイノヴェーション

非常に大雑把に言えば、70年代までの経済学においては、技術革新を理論モデルの中に組み入れることができず、経済体制の比較研究を理論的に行う際にも、技術革新という要因は多くの場合カッコにくくられ、あくまでも技術不変の仮定の下で、分権的市場経済と、集権的計画経済、更にはそのハイブリッドとしての市場社会主義などのモデルが作られ、そのパフォーマンスの比較が試みられました。ところが実際には、特に80年代以降明らかになったのは、技術革新において西側の民間企業は非常に貪欲であり、基礎研究においてはともかく、応用技術のレベルでは公的な学術研究セクターを優に凌駕したことでした。

90年代以降のインターネットの大衆的普及、いわゆる情報通信革命においても、一方で知識・情報を私有財産の枠にはめずに自由に流通させていく、非営利的、ある意味非資本主義的な志向は新技術の担い手たちの間で強かったのですが、他方で自由な発想とその実装は、集権的な計画経済体制の下でよりは、分権的な市場経済体制の下での方が、むしろ容易でした。更にインターネットの産業化、ビジネス化が一層進行すると、資本主義的な営利ビジネスも、知的財産制度を発展させ、洗練させることによって、知識・情報を私有財産制度、市場経済の枠組みにはめ込んでいくやり方を覚えていきます。

上のように見るならば、70年代までの経済学、比較経済体制研究が、市場経済と計画経済のパフォーマンスの優劣についてあいまいな結論しか出せなかったのは、技術革新というファクターを軽視していたからということになります。しかしながら、いまとなっては後知恵ですが、市場経済の計画経済に対する優位は、与えられた問題を解く性能にではなく、技術革新、つまりは不確実な賭けとしての創造へと人々をいざなうところにこそあったと言えます。[4]

人工知能と資本主義

さて、このような観点から見たとき、現在の第三次人工知能ブームが資本主義論に対して与えるインパクトは、どのようなものとして見えてくるでしょうか？

「天然の計算機」から「技術革新の母胎」への市場経済観の転換は、ある意味で、人工知能思想における「論理学の機械化」から「統計学の機械化」への転換に似てはいないでしょうか？　人工知能においては、知能の核心を「論理的に正確な推論」から「試行錯誤を通じての学習」に求めるという転換が見られたのに対して、既に見たように経済学においては、市場の機能の核心を「既にある情報の処理」から「新しい情報の創造」に求めるという転換が見られます。ここで「創造」をブラックボックス化せず、本論でも示唆したように、あるタイプの「試行錯誤」「情報の選択」として理解するならば、このアナロジーは一層強化されるように見えます。

かつての「コンピューター化による社会主義計画経済の実現可能性」の夢を遅ればせながら、新しい世代の人工知能機械は復活させてくれるものでしょうか？　それはちょっとありそうにないでしょう。なぜか？　ひとつには、いかに高性能になったところで、コンピューターはそれが物理法則に拘束された機械である以上、能力的な限界があり、国民経済レベルの経済計画を厳密に解くことは、やはりできそうにない（計算終了までに宇宙の寿命ほどの時間が必要となる）、という考え方が成り立ちます。ただしこれは、人工知能技術というより、計算機のハードウェア技術の問題ということになりそうですが、量子計算が本格的に実用化すれば、場合によってはこの困難は大幅に軽減されるかもしれません。また、今日の人工知能技術の得意技は、厳密な解を出すことではなく、解をほどよく近似していくことの方にこそありますから、このような近似計算によって「ほどほどの計画」を策定することが案外可能となるかもしれません。

しかしながら既にみたように、市場経済の計画経済に対する優位は、与えられた資源を有効活用する、という問題を解く能力にではなく、むしろ新技術、新製品を開発する、つまりは新しい問題をどんどん提起していく（ように参加者たちに促す）能力にこそあるのだとしたら、いかに人工知能機械が高度な計算能力を持とうとも、それに基づく計画経済が、分権的に組織された分散的システムとしての市場経済を凌駕することはありそうにない、ということになります。

むろんそれだけではありません。仮に洗練された人工知能機械の強みが、与えられた問題を解くことだけではなく、試行錯誤を通じた創造の「模倣」にもあるのなら、それらは経済計画よりも技術革新、イノヴェーションにこそ活用されることになるでしょう。

計画経済体制が没落して優に一世代を経た今日、このようなことを言うのも今更ですが、結論的に言えば、情報通信革命、更に人工知能技術の発展と産業現場への応用は、民間の市場経済に対する政府による介入、コントロールを促進するというよりは、民間企業における市場環境へのより迅速な適応を促進する、という方向で、つまりは市場を凌駕するというより、市場の中でそれに適応し、内側から市場を効率化する、という方向で進んでいくだろう、ということです。

もちろん民間企業の経営戦略においても、ただ単に市場に受動的に適応するだけではなく、可能であれば市場を独占して支配し、競争相手や顧客をコントロールしたい、という志向は無視できません。しかしながら政府のような特権を持たない民間企業にとって、市場を一時的にでも独占し、コントロールするためのもっとも有効な手段は、実は技術革新、新製品や新技術開発によって、せめて競争相手がそれにキャッチアップするまで（この時間は特許制度などによって延長することができます）競争優位を維持すること、だと言えます。

ギグ・エコノミー

今日においては、金融市場における「プログラム取引」がこうした傾向の代表といえますが、生身の労働者の雇用に対してより直接的に影響を及ぼす例としてわかりやすいのは、いわゆる「ギグ・エコノミー」と呼ばれる潮流です。これは実体経済、実物取引の世界におけるこのような傾向、つまり市場へのより迅速な適応のツールとしての情報通信技術、人工知能技術の威力を見せつけるものです。

復習しましょう。資本主義経済における（のみならず実は20世紀の社会主義経済の下でも）支配的な労働取引様式としての雇用とは、ある意味では奴隷制や奉公人制の延長線上にあってそれを自由な契約によって組み替えようとしたものです。そこでは明示的な契約、合意による縛りはごく緩やかなもので、雇われた労働者に対して大幅な指揮命令権を行使して、裁量的にいろいろな仕事をさせる権利が、雇い主の側には認められています。

なぜそうなるかという理由は様々ですが、基本的には、労働者側の能力、資質や意欲についての情報を、雇い主が外部市場において得ることが難しいこと、また個別具体的な仕事について市場でバラバラに求人を行うコストがひどく高くなること、といった情報処理上の問題が重要です。それゆえに雇い主は、中核的な労働者に対しては、もっぱら丸抱えで自分のところでしか仕事をさせず、労働時間外の私生活も、実質的に仕事のための待機時間として、労働者の生活を間接的にではあれ包括的に支配する正規雇用という枠組みをとります。

これはほとんど「自発的な契約による奴隷・奉公人」です。そうではないパートタイムの非正規雇用においても、丸一日だとか、あるいは一週間のうち何曜日の何時から何時までといった形で、固定的な時間枠の中で拘束し、拘束時間中は、あらかじめ決まった仕事ではなく、雇い主の裁量による指揮命令下で働かせるようにします。

つまり弾力的に、柔軟に仕事をさせるための枠組みとしては、個別の仕事をいちいち切り出して外部市場に出すよりも、組織内にあらかじめ抱え込んだ、短期的には固定された人材プールに対して、契約、合意によってではなく、雇い主の側からの一方的な指令によって対応させる方が効率的だ、というわけです。このような仕組みはかつて「内部労働市場」と呼ばれることもありましたが、やや不正確な言葉遣いです。それは「労働市場の内部化」ではあっても、「企業内労働市場」と呼ぶのは本当はふさわしくはないでしょう。

今日のウーバーなどが象徴する「ギグ・エコノミー」は、このような「市場からの部分的囲い込み」としての雇用ではなく、個別の仕事をいちいち切り分けて外部市場で取引する仕組みです。それゆえにその契約様式も、雇用というよりはむしろ請負として組織されています。そこでは細部に至るまで、双方の自発的な合意が浸透している（ように見えます）。そしてそのことの半面として、（被雇用者ではなく、請負事業者たる）労働者、労務供給者に対する、労務発注者の側の様々な義務――一方的な指揮命令権と引き換えの、職場の安全衛生に配慮する義務、労働時間外にも包括的な影響を及ぼすことと引き換えの、労働者の生活全体に配慮する、たとえば直接の労働報酬以外の福利厚生の支給などによって、より積極的に支える義務――が解除されていきます。このような展開を支えているのは、言うまでもなく情報通信革命と人工知能技術の発展です。ここでは人工知能は、計画や指令にではなく、市場に奉仕する装置なのです。

そもそも「資本主義」とは何か？　を少し論じてみる

「ギグ・エコノミー」について述べたのはいい機会ですので、ここで改めて「資本主義とは何か？」についての暫定的な認識を示しておきましょう。それによって、ＡＩの発展によって資本主義が格差のより一層の拡大の方に進みかねない、と私が考えている理由ももっとつまびらかにすることができます。

生産要素市場への注目

第１章ではスミスの画期性を「生産要素市場」の発見に求めましたが、私たちはいわゆる「資本主義」を、「生産要素市場をも取り込むことによって、できあがった財の取引、流通のみならず、その生産までもが市場メカニズムの支配を受けることになった市場経済」として捉えていることになります。経済人類学の先駆者として名高いカール・ポランニーや、日本において一家をなしたマルクス経済学者である宇野弘蔵は、このような生産要素市場の形成をとりわけ重視しました。ポランニーは、本来共同体に埋め込まれていたはずの生産要素が市場で取引されるようになったがゆえに、近代社会における市場メカニズムの全面化という異常事態が到来した、と論じましたし、宇野の場合にも、資本主義経済において、スミスなどの古典派経済学者たち、19世紀の自由主義者たちが言うのとは異なり、恐慌が多発し、市場が必ずしもスムーズに作動しないのも、本来市場の外にあったはずの生産要素が市場の中に取り込まれたことの無理——宇野の「南無阿弥陀仏」として有名な「労働力商品化の無理」からくるのだ、とされました。[6]

労働や資本、あるいは土地といった生産要素市場においては、市場メカニズムの作動が他の財においてとはやや異なる、という発想自体は、新古典派経済学の立場をとる論者にとっても異常なものではありませんでしたし、それゆえに労働経済学や金融論、農業経済学に開発経済学、といった「応用経済学」においては「市場の失敗」や政府の介入、制度や共同体が重要なテーマであったわけです。[7]しかしマルクス経済学者や、あるいはマルクス主義者ではないにせよ自分なりに社会主義者を標榜したポランニーの場合には、労働や土地についてはただ単に事実認識として「市場メカニズムがうまくはたらかない」というだけではなく、「市場メカニズムの下においてはならない」という価値判断もまたはたらいていたと言えましょう。マルクス経済学がその後没落した理由のひとつはこの事実判断と価値判断との区別をきちんとつけることができなかったこと、そしていまひとつは、市場ではない政府や共同体や制度のメカニズムについて、一貫した説明のロジックを提供できなかったことである、と言えるかもしれません。

以上の点について注意した上で、この「生産要素市場」のアイディアを鍵として、以下「資本主義とは何か？」について考えていくことにしましょう。

「コモンズの悲劇」から市場経済へ

小田中直樹は教科書『ライブ・経済史入門』において、マルクス経済学やマックス・ウェーバーの比較宗教社会学を基礎とした、伝統的比較社会経済史学の枠組みを、新古典派経済学や新制度派経済学・ゲーム理論の枠組みと統合して見せています[8]ので、それを参考としつつ見ていきましょう。

まずは共同体的社会から私有財産制度への移行は、いわゆる「コモンズの悲劇」への対処として捉えられます。すなわち、所有権が設定されていない共有財産（典型として考えられているのは漁場や入会地）に対して、人々に自由なアクセス・利用を許してしまうと、乱獲が行われてあっという間に枯渇してしまいかねない、という問題に対して、共有財産を人々の間で分割し、所有者にその利用の権利と保全の責任が独占的に割り当てられる私有財産にしてしまう、というものです。

私有財産制度の下での人々の社会的な協力関係は、共同体的なものよりも、市場を通じての自発的取引を主体としたものとなり、市場を通じた相互依存の進行の中、分業が進み、人々の生産活動も、自給自足よりも市場における交換を志向したものとなっていきます。しかしながらこのような初期の、いわば資本主義以前の市場経済においては、生産と取引の主体は基本的にファミリー・ビジネス

（市場での利益と、自給によるメンバーの生存維持の両方の目的で生産を行う小農が典型）でした。しかしながらやがて労働力を外部から雇用し、メンバーの生存をではなく、もっぱら市場での利益を目的とする資本主義的な企業が発展してくると、こちらの方が生産力も収益性も高く、ファミリー・ビジネスを駆逐して市場経済の主役となります。そのような営利企業が主役となった市場経済が、資本主義だというわけです。

ミクロ的な経済主体の行動論理、というところに着目した場合、このような資本主義の成立機序についてのストーリーはなかなかに説得力がありますが、「資本主義とは何か？」を考えるときにもうひとつ、どうしても注目しておかねばならないのは、所有権の設定によって切り離された人々同士が取引を通じて相互依存関係に入ること、つまり分業のネットワークのロジックです。

これをどのように解釈すればよいでしょうか？　とりあえず以下のように考えましょう。まず、上記の「コモンズの悲劇」から出発します。ここで問題となっていたのが共有地で、解決策が共同体のメンバー間でのその分割＝私有財産化だとしましょう。つまりここではまず私有化されたのは生産要素としての土地です。そして人々はめいめい、自分の土地の上で、自分の労働を投じてものを――農作物や工芸品を作ります。各土地で、各人の経営で何がどれくらいできるかは、その土地の条件やその所有者の知識や能力に応じて、更には純然たる運不運に応じて異なります。

ロック的な自然な推論によって、もともとの土地のみならず、自分の土地と自分の労力で生産したものは自分の財産であり、自分が自由に処分してよい、と人々は考えるでしょう。そこで人々がただ自分の生産物だけを使う、消費するよりも、お互いに取引する――自分がいらないものと引き換えに、他人が持っている自分が欲しいものをもらう、それをお互いにできるだけ繰り返す――ことによって、全員がより満足できる――このようなプロセスをより厳密に定式化したのが、ミクロ経済学の教科書に書いてある「純粋交換経済」のモデルです。

そこから、人々は更に、自分に必要なもの、自分が欲しいものは自分の土地で自力で生産するより、他人との取引で得る方がよいかもしれない、と考えるようになります。自分の能力で、自分の土地でうまく収穫できるものは、必ずしも自分にとっては必要でも欲しくもないかもしれない。しかし取引のネットワークを広げていけば、どこかに、自分の作ったものと引き換えに、自分の欲しいものをくれる人と出会うことができるだろう。いや、そんな都合の良い人などどこにもいなくとも、様々な能力と志向を持ったたくさんの人々からなるネットワークの全体が、結果としてそのようなちょうどよい取引相手に、誰にとってもなってくれるだろう。そこで人々はめいめい、自分に必要なものをできるだけ自分で生産しようとすることはあきらめ、反対に、自分が得意なもの、自分の土地や能力の条件下で効率よく作れるものに特化していく。これが語の狭い意味での「分業」です。

ここで「自分が得意なもの」という時の「得意」の意味を鮮明に説いたのがデイヴィッド・リカードウの比較生産費説であり、「比較優位」の概念ですが、これについては他の本でも散々書きましたし、経済学の初歩の教科書にもあるので繰り返しません。[9]

市場経済から資本主義へ

問題はここから先です。このストーリーでは、私有財産制度から市場経済にまではたどり着いていますが、まだ資本主義には到達していません。ここから資本主義に到達するとは、どういうことなのか、を考えてみましょう。

ここではまだ人々は、市場に売りに出すために、何か特定の商品の生産に特化しているだけで、生産（と販売）活動はまだ各自でやっています。さてここで、めいめいの生産条件の違いは、どうなっているでしょうか？　既にみたように、めいめいの土地の条件の違い、またいめいの知識や能力の違いによって多様でしょう。では仮に、厳密に言えばもちろんあくまでも仮想の条件の想定の下で、つまりは思考実験としてですが、全く同じ条件の土地二ヵ所で、全く同じ知識や能力を持った人ふたりが、それぞれに生産活動を行ったらどうなるでしょうか？　偶然、運不運による違いを排除したとして、結果に何か違いが出るでしょうか？

ここで私たちが、この二つのケースにおいて、結果、とりわけ実際に挙げられた生産高について全く相違がないと考えるのであれば、人々の間では同じ生産技術が共有されている、と考えることになります。逆に言えば、ここで同じ生産技術が共有されていると考えるのであれば、もしも両者の結果に違いが生じたとすれば、その原因は、純然たる運不運を別としたら、土地の条件の違いによるか、あるいは人の努力や能力の違いによるか、あるいはまた、標準的にみんなが知っているはずの生産技術についての知識を上回る更なる、しかも私的な知識によるものか、のいずれかである、と私たちは考えていることになります。つまり、土地や能力、知識などの生産条件が全く同じに分配されている、という仮定が間違っていた、ということです。

さて、このように生産技術を共有し、市場取引のネットワークで結ばれた同じひとつの社会の中で、生産要素としての土地や労働力は不均等に分配されています。これが何を意味するか？　詳しくは拙著『不平等との闘い』で説明しましたが、実はこれは非効率的な状況であり、生産要素が十分にそのポテンシャルを発揮していない——最大の生産高を上げることができない状況なのです。[10] 非常に乱暴に言えば、生産技術が同じであれば、各経営における土地と労働の、より一般的に言えば資本も含めた生産要素間の比率が社会全体でのそれと等しくなければ、最大の効率が発揮できません。そこで生産高を最大化するために、生産要素の社会的配分を最適にするにはどうしたらよいか？　そこで必要となるのが生産要素市場である、というわけです。生産要素市場を通じて労働と土地（と資本）が取引され、各経営での土地と労働（と資本）の比率が均等化されることによって、社会的な生産の最大化が達成されます。

ただしここで注意すべきは、これが何ら平等化を意味するわけではない、ということです。生産要素の移動は無償では行われず、対価を要します。土地が足りない経営は、土地が余っているところから借りるなり購入するなりするわけですし、人手が足りない経営では、賃金を払って人を雇います。各経営で用いられる生産要素の比率の均等化は、無償での生産要素の移動によるのではなく（それでは革命的な農地改革や、社会主義計画経済です）、有償で行われますし、土地や資本の場合には通常賃貸という形で行われ、所有権は移動しませんし、収穫の中から、対価としての賃料を取られます。労働を提供する場合には、自分のではなく他人の経営の下で、雇用ないし請負で働きますから、当然収穫の全部を受けることなどありえず、賃金という対価しか受け取れません。つまり生産要素市場は、あるいは資本主義は、生産要素の分配の不平等を解消することによってではなく、逆にそれを温存したままで、社会的な生産の最大化を実現する仕組みである、ということができます。

不平等を温存するとはいえ、ここまでのプロセスは、最初のコモンズの分割、私的所有権の設定（マルクス風に言えば「資本の原始的蓄積」？）を別にすれば、各人に対して何ら強制することなく、それぞれの、自己の利益の実現を目指しての自発的な選択によってたどられうるものであることに注意しましょう。その意味でこの仮想的な歴史はリベラルなものです。また、各人の間での富の、そしてそこから帰結する所得の不平等は容認してはいるものの、誰に対しても他人と違う特権を許してはいない、という点では、つまり機会の平等は確保されています。

資本主義とイノヴェーション――再論

ただ、ここまでの資本主義イメージにおいては、私たちが資本主義の最大の特徴として重視するところの、技術革新によって引き起こされる経済成長のメカニズムが描かれていません。それは与えられた資源と知識≒生産技術の下で、それを最高の効率で稼働させる社会的仕組みでしかなく、生産技術そのものを革新して成長を引き起こす仕組みではないのです。しかしながらこのような、技術革新のインキュベーターとしての市場の機能こそが、資本主義と社会主義とを――一方で福祉国家的再分配を取り入れて不純化したはずの資本主義と、他方で市場原理を取り入れてやはり不純化したはずの社会主義とを分かつ最大のポイントだった、ということは既に見た通りです。ではそれは一体どのようなものであったのか？　以下では少しそれを見ていきましょう。

普通の商品市場に比べて土地、労働、資本などの生産要素の市場は不完全であらざるを得ず、それこそが資本主義の抱え込む問題である——そのような考え方がマルクス経済学、ポランニー、あるいは応用経済学的な観点から論じられてきたことについては既にふれた通りですが、そもそも市場が「不完全」であるとはどのようなことを意味するのでしょうか？　それは大雑把に言うと二つの側面から見ることができます。

ひとつには、「完全競争」が成り立っていない、ということ。経済学的に言う「完全競争市場」とは、そこに売り手も買い手もあまりにもたくさん——そこに参加することを禁じる権力的規制もないため、潜在的には無限大の数だけ——いるために、誰も他人に意図的に意味のある影響を及ぼすことができない——特定の競争相手を意図的に妨害することも、特定の取引相手をだますこともできない、という状況です。いわゆる「プライステイカーの仮定」とはそういうことです。深く考えずに、既に成り立っている相場にひたすら追随することが、普通の市場参加者にとっては最善なのだ、という状況です。[11]

その意味での完全性、つまり「完全競争」に対立するのが「不完全競争」で、具体的には「寡占的競争」状況、つまり市場への参加者の数が少なく、新規参入者もなかなか入ってこないような状況では、互いに互いの顔が見えて、自分の振る舞いはいやおうなく競争相手や取引相手に見られて、影響を与えてしまうし、逆もまたしかり——互いに有意味な影響を与え合うことが可能な、というよりそうならざるを得ない状況です。

これとはまた別の意味での「不完全性」とは情報の不完全性（ならびに現実世界そのものの不確実

性）です。「完全競争市場」の想定においては、潜在的には無数の競争相手についての具体的な情報を得ることはできないとしても、市場で取引するのに必要な状況、つまり取引する商品の品質と価格についての情報は正確に、かつ無償で得ることができる、と想定されていますし、それをもとにした経営判断もやはり簡単に下すことができる、と想定されています。しかしもちろん現実世界では、情報を得るにもコストがかかりますし、またそれがどの程度信頼できるかもわかりません。また得た情報から適切な判断を下すのも、困難な仕事です。完全競争市場のモデルでは、世界にはこのような不確実性が存在しないか、あるいはそうした不確実性を完璧にリスクヘッジする保険商品が利用できるか、のどちらかの想定がなされています。

このように考えたとき、資本主義を単なる市場経済（マルクス主義風に言うと単純商品経済）から分かつものである生産要素市場、とりわけ労働市場と、資本を取り扱う金融市場とは、普通の商品市場に比べて、このような不完全情報と不確実性の問題を取り扱うことを中心的な課題としている、と見なすこともできます。たとえば、資本主義経済における生産活動の主役が、資本家がたくさんの労働者を雇い、のみならず資本家自身も単独ではなく複数集まって組合を作る「会社」となっているのは、このような不完全情報、不確実性への対処の一環である、とされます。人を雇って労働させる際には、適切な人材を見出し、命令通りに働いてもらわなければなりませんが、人間の能力も誠意も、簡単に推し量ることはできません。大規模な事業を展開するためには大量の資本を必要とし、その多くは手持ちの資金では調達できず、借入を必要としますが、借金をする際にもやはり、返済の能力と意志を問われます。貸し手の立場としては、おいそれと相手を信用するわけにもいきません。このような問題から、雇用労働も資金調達も、外部市場から臨機応変、流動的に行うだけでは足りず、むしろ中核的な人材は恒常的に雇い入れ、資金調達ルートも安定的に確保しておく――つまりはメンバーの固定した組織にしておくことが合理的である――このようなロジックで、資本主義的な企業はできあがっている。情報の経済学の観点からはこのように説明されます。[12]

また同時にこうした視点は、技術革新の場としての資本主義的市場経済、というヴィジョンを理解するためにも必須です。そもそも世界が不確実であり、人間がそれについて未知であるからこそ技術革新が可能になる、ということを忘れてはいけません。では、なぜ資本主義経済の中で、人々は技術革新に駆り立てられるのでしょうか？　そもそも完全競争市場の想定の下では、技術革新への動機付けを理解するのは困難です。そこの最適な選択は、ひたすら現状を追認し、相場に追随することだからです。技術革新はヨゼフ・シュムペーターの言う「創造的破壊」であり、ジョン・メイナード・ケインズの言う「アニマル・スピリット」なしにはなしえません。完全競争市場においてはそれは不合理な選択であり、衝動的な狂気なしにはとりえないとさえ言えます。

もう少し散文的に言えば、技術革新の経済学的研究においては、資本主義的企業にとっての、技術革新へのもっとも強力な動機は、完全競争市場モデルにおいて提示されているように既存の市場によりよく適応することなどではなく、新しい市場を切り開くこと、そして新市場でたとえ一時だけでもライバルのいない独占的利益を享受することではないか、と論じられています。そのように考えれば、革新への衝動を大げさに「狂気」などと呼ぶ必要はなく、それなりに合理的なものと考えることができるでしょう。伝統的には、独占的大企業は市場における自由な競争を歪め、経済の効率を低下させるもの、と思われてきました。もちろんそうした見方には一理あります。しかしながら、そもそも特権を持たない普通の一般企業は、どうすれば市場を独占できるのでしょうか？　非合法的な振舞いに手を染めるのでなければ、一番賢いやり方は、実は新しい商品を開発し、ライバルのいない新しい市場を創出することなのです。独占企業がその地位にとどまって新規参入を抑圧することは、経済成長にはマイナスでしょうが、普通の企業が一時的にでも独占企業となろうとすること自体は、そうではないのかもしれません。

また言うまでもなくこのような新たな商品、それを作る新たな産業の創出のためには、生産要素市場を通じての生産要素の活発な移動、資金や労働力、知識の産業間での流動性が不可欠です。

資本主義とＡＩと格差

さて、これまでの議論も踏まえて簡単にまとめますと、

1　資本主義とは単なる市場経済ではなく、生産要素についても市場取引が行われる経済である。

2　生産要素市場は一般の商品市場に比べて完全競争から遠く、それゆえに企業組織その他の組織によって補完される必要がある。しかしその一方で、そのような生産要素市場があるからこそ、新たな財、新たな技術が創出されるイノヴェーションが活発になる。資本主義が、市場原理を部分的に導入した社会主義を最終的にしのぎえたのは、このようなイノヴェーションのインキュベーターとしての機能による。

といったところでしょう。そこから更にもう少しだけ論点を付け加えたいと思います。

グローバリゼーションと情報通信革命

土地や資本、労働力といった生産要素は、一般の財に比べると流通しにくい、とは繰り返し述べてきました。それは情報の不完全性によるだけではなく、物理的な制約によるところも無視はできません。そしていわゆる国内経済と国際経済、世界経済とのレベルの違いも、このような情報の不完全性と物理的な移動の困難性の両方がかかわっています。そしてそのどちらも、技術の発展の中でその様相を変化させていきます。

先に提示したリカードウの比較優位のロジックは、普通は国際経済のコンテクストで、外国貿易の利益を説明するために用いられることが多いことは、皆さんもご存知でしょう。そしてそのモデルはまだまだ不完全で、どのようにでも解釈できる余地があります。つまりそこで想定されているのは、世界各地でものの値段に違いがあり、その違いを利用して安く買って高く売る裁定取引を行うことによって皆が得をする、というだけのことで、そうした地域ごとのものの価格、おそらくは生産コストの違いが何に由来するか、まではほとんど何も言っていないのです。一番自然な解釈はもちろん、各地の生産技術そのものの違いですが、そうではなく、生産技術自体は世界中で同一で、生産要素の配分が異なっているだけ、という解釈だってもちろん可能です。この後者の解釈によって、世界各国の比較優位な貿易財への特化のロジックを描くのがいわゆるヘクシャー＝オリーン定理です。このヘクシャー＝オリーン的な世界像では、世界中で同じ生産技術、同じ公共的知識は共有されているわけですが、生産要素、動員できる土地や労働力、資本、更に経営者や労働者のマニュアル化されない私的なノウハウなどはそれぞれの地域において固定されている、と想定されています。つまりは、貿易可能な財の市場は世界的に統一されていても、生産要素市場は地域ごと、国ごとに分断されている、という世界です。[13]

『世界経済　大いなる収斂』でリチャード・ボールドウィンも指摘する通り[14]、このイメージは私たちの世界経済観、資本主義観を強く規定していますが、むろん絶対ではありません。技術的に見た時にも、交通・通信技術や生産技術の変化によって、普通の財のみならずサービスやなかんずく生産要素の移動のしやすさも大きく変わります。私たちのリカードウ的イメージは、産業革命以降の、主として物流コストの低減した世界によって支配されています。労働市場や資本市場は国内では統合され、賃金相場も利子率も一定となりますが、国家間では大いに異なります。長いスパンで見れば移民という形で国際労働移動は起きますし、世界的な資本移動もありますが、それが及ぼす効果は緩やかなものです。

ボールドウィンによれば20世紀末以降のグローバリゼーション――19世紀のパクス・ブリタニカ時代以来の「第二のグローバリゼーション」――を技術面で引き起こしたのはいわゆるＩＣＴ(Information and Communication Technology 情報通信技術）の発展、情報通信革命です。これによって知識

――明文化され、マニュアル化され、知的財産制度などで守られた知識の移転コスト、そうした知識、つまり言語化された知識やデジタル化された情報を通じたコミュニケーションのコストが劇的に低下しました。それによってリカードウ的な世界は崩れていきます。パッケージ化された形ある財だけではなく、ある種のサービスもネットワークを通じて国際貿易の対象となり、それによって製品ではなく、製品を作る工場の工程が分割され、地理的に遠い世界各国に分散する、ということが可能となります。いわゆるグローバル・サプライ・チェーンです。リカードウ的世界では貿易の対象となるのは一部のパッケージ化された財であり、サービスの取引はローカルなままですし、工場、事業所もまたローカルな、地理的に局在するものでした。しかしながらインターネットの商業化を中心とする情報通信技術の革新は、ひとつの意思決定系統に属する事業所、工場そのものを分割し、分散しながらも統合されたマネジメントができるようにしました。このようにして先進諸国のハイテク産業が、本国の高度な技術と途上国の安価な土地や労働力を合わせて利用できるようになったのです。

産業革命以後の19世紀における第一のグローバリゼーションは、貿易の対象となる財の価格を世界的に平準化しましたし、それを通じて各国の資本や労働の在り方にも影響を与えましたが、植民地――のちの発展途上国の生産性を上げることは失敗しました。20世紀、第二次世界大戦後の独立以降、援助によって生産技術の移転や大規模な投資を行ってもそれが思うような成果を上げず、サハラ以南アフリカについてはむしろマイナス成長さえ経験しました。この動向に変化が見え始めたのは、1980年代以降、東アジアの国々が低賃金を武器にして、輸出産業の育成を主軸とした開発戦略に乗り出して以降ですが、その時代に既に先進諸国の大手メーカーは、加工組立など一部の比較的外部化し移転しやすい工程を分割し、海外、低賃金地域にオフショアする戦略に乗り出していました。世紀転換期には中国とインドという二大国を巻き込み、更にインターネットの本格的な普及によってこの流れが本格化したわけです。

グローバリゼーション、ICT、格差

ここで拙著『不平等との闘い』での考察と、そこでも触れたブランコ・ミラノヴィッチ『大不平等[15]』をも踏まえてやや想像をたくましくしてみましょう。

先に見たように、生産技術が同じ場合、資本や労働など生産要素の分配が不平等なままだと、不完全雇用が発生し、社会的総生産は低くなります。生産要素市場は不完全雇用を解消しますが、生産要素、富の不平等は温存します。しかし生産要素の不均等を解消する方法はこれだけではありません。土地はどうにもなりませんが、投資によって蓄積することができる資本（知的財産を含む）、そしてある程度は労働力（に付加される知識・技能）については、生産要素市場が存在しない場合、人々が自力で投資して蓄積することを通じて、時間をかけて平準化できます。

トマ・ピケティらの影響力ある研究によれば、主として先進諸国のデータを見る限り、いわゆるクズネッツ曲線、つまり産業革命以降の産業化の初期局面においては、所得格差は増大しますが、ある時期以降それは反転し、格差は縮小していく、という傾向がみられます。しかしピケティらが発見したのは、20世紀末以降、この動向は更に反転し、所得、更に富の不平等が拡大に転じているらしい、ということでした。

ピケティの推測では、20世紀半ばに見られた格差の縮小傾向は、資本主義経済に内在するメカニズムによるものというより、より外在的、政治的なものであり、主として社会主義の影響や、戦時動員の必要からの福祉国家体制の成立、拡充がもたらしたものではないか、ということです。そう考えますと、20世紀末以降の格差の拡大傾向は、いわば自然なものである、ということになります。[16]

それに対してミラノヴィッチによれば、グローバルに見た時には、国家間、ことに旧植民地帝国本国＝先進諸国と旧植民地諸国＝途上国との格差は近年までずっと縮まらなかったのに、20世紀末以降の（第二次）グローバリゼーションの中、急激に縮まりつつあります。ただしそれは同時に、国内レベルでの、個人間格差の拡大と同時並行しているかもしれません。

このような展開は何を意味するのでしょうか？　『不平等との闘い』では、国家間の格差を縮小させてきたメカニズムは、生産要素市場の分断の下、各国の自力での投資の成果が次第に実を結んできた、というものであるのに対して、国内での格差の動向は、ピケティ的な枠組みに従い、生産要素市場の統合された資本主義における格差の温存メカニズムと、政治的な再分配圧力との綱引きの結果ではないか、という解釈を提示しました。[17]とは言えそれは、実証を欠いた思い付きの域を出るものではありません。

第二次グローバリゼーションの特徴が、ボールドウィンが指摘する通り、明文化された知識の移転コストの減少による、それまで単一の工場や地域産業集積に局在していたサプライ・チェーンの、分割とグローバル化だとするなら、それはある程度までは生産要素市場——資本市場や労働市場のボーダーレス化であるということができます。ひとつの事業所、企業に内部化されていた生産現場の知識や、それを統合する組織的スキルが、国境を越えてより安価な地域へとアウトソースされ、そのことが逆に、アウトソースされた地域における生産要素や関連商品への需要を生み、そこでの賃金を上げていく、というメカニズムをそこに見て取ることができます。それは貿易財への最終需要を介しての間接的な需要双発効果に比べて、より直接的に現地の労働や更なる下請けなどの関連産業への需要を生みますから、波及効果はリカードウ的世界より大でしょう。

しかしながら当然、それはまだあらゆる知識をボーダーレス化させているわけではありません。それゆえに生産要素市場を完全にボーダーレス化、グローバル化しているわけではない。あるいはこういうべきでしょう。仮にあらゆる生産要素市場がグローバル化していこうと、そのグローバル化された生産要素市場は当然に不完全で摩擦にあふれたものであり、その主役は労働者個人や投資家個人ではなく、生産要素を局所的に内部化し、非市場的なやり方で組織する企業であり続けるのではないか。つまりは労働者や経営者の明示化、明文化されない暗黙知というものは残り続け、それを組織化する仕組みとしての企業はなくならないのではないか、と。

しかしながらボールドウィンが指摘する以下のような可能性も頭の隅にとどめておかねばなりません。すなわち、ブロードバンド化したインターネットは、デジタル化された形で、必ずしも明示化、明文化されない知識を伝達することを可能としつつあります。すなわち、音声や画像のみならず、遠隔操作のマニピュレーター、模擬ボディなどを利用して、身体全体の動きをも正確に伝達するテレプレゼンス技術の発達です。軍用ドローンはその端緒と言えそうですが、わかりやすいのは遠隔操作で動く手術ロボットです。このようなテレプレゼンス技術が正確かつ安価に利用できるようになれば、定式化されない暗黙知が、定式化されないままにグローバルに移転可能となるのではないか？　ボールドウィンはこう論じます。そしてＡＩならぬＲＩ（Remote Intelligence）の可能性に、私たちはもっと思いを致さねばならない、と言います。[18]

しかしここで考えてみましょう。機械学習によって私たちは、ある程度ではあれ定式化されない人間の暗黙知の模倣、場合によってはその凌駕さえも可能にしつつあるように思われます。言うまでもなくビジネスの観点からすれば、ＡＩかＲＩか、あるいはその場にいる生身の人間か、は基本的にはコストパフォーマンスの問題でしかありません。どのような場合にどちらがより安くつくか、次第でしょう。ちなみに宇宙進出の場合には、自律型ＡＩ機械が決定的なアドバンテージを発揮するであろうことは言うまでもありません。[19]

『不平等との闘い』でも触れましたが、20世紀末頃における先進諸国内での格差拡大傾向の主因は、労働者間の賃金格差であると見なされ、その理由として重視されたのはひとつには先述の情報通信革命によるグローバリゼーション、工程の分割の進行による、生産労働や一部のサービスのより一層のオフショア化によって、先進諸国の不熟練、低技能労働者が、途上国労働者とのより直接的な競争にさらされるようになったというものでした。そしていまひとつ重視されたのは、やはり情報通信革命、更にそれ以前からのコンピュータリゼーションにより、ＩＴ技能を備えた高学歴労働者と、そうではない労働者との間の賃金格差が拡大した、というメカニズムでした。後者は、第3章でも論及しました「技能偏向型技術変化」です。

20世紀末の（第二次）グローバリゼーションとその背景にある情報通信革命によって先進諸国内の格差が拡大しているというのであれば、それは実は必ずしも悪いニュースでしかないわけではありません。第一に、グローバリゼーションによる先進諸国の労働者の苦境は、途上国労働者の地位の向上と裏腹な関係にある、ということになります。そして第二に、第3章でも論じたように、もしも格差の主因が上記のような技能偏向型技術変化のネットワーク外部性に由来するのだとしたら、公的な教育投資による全般的学歴向上によって、全般的な賃金引き上げと格差の縮小を実現することができるだろう、ということになるからです。

ただ、このような技能向上による労働者の全般的な賃金上昇と格差縮小の両立が実現するためには、以下のような条件がそろっている必要があります。つまり、そのような技能がネットワーク外部性、ともに仕事をする同じ職場を更に超えて、同じ賃金相場を共有する、ひとつの労働市場の中にいるすべての労働者の間のネットワークにおいて、全体の生産性を向上させる外部性を発揮してくれるだけではなく、またそのような知識、技能が労働者個人の心身に切り離し不能な形で体得されるものでなければなりません。つまり新しい技術は労働者たちにとって、深い理解を伴うか、あるいは仮に理解を伴わなくとも、せめて自分の身体の延長であるかのように自然に使いこなされねばなりません。

機械学習技術を核とする近年の人工知能は、このような技能の、機械に埋め込まれたソフトウェアによる代替、置き換えをますます進行させていくように見えます。今後のＩＣＴが、かつてのような人間同士のネットワークを密にさせていくにとどまらず、ＩｏＴ主体で進行していくのだとすると、

ICTの更なる発展は、ポール・クルーグマンも憂慮する通り[20]、「技能偏向型技術変化」から「資本偏向型技術変化」へとその様相を変えていくのかもしれません。すなわち、新しく開発された技術の大半が、それを使いこなす労働者の知識・技能（すなわち人的資本）や、オープンソース・ソフトウエアのようなパブリック・ドメインの方（広い意味での社会資本）にではなく、特許制度などによって厳格に囲い込まれた知的所有権の側に（物的資本として）回収されてしまい、そこからの利益の過半をその所有者＝資本家の方に吸い上げられていくのではないか、と。

この置き換えの過程がいかに高度に進行したところで、それによって人間が完全に機械に置き換えられてしまうようなことはない、と本書の立場からは言うことはできます。なぜかと言えば、そうした置き換えは新たな技術の創造を必要とするのであり、それによって古い人間的技能が不要となって機械に置き換えられたとしても、その創造、新技術開発のプロセス自体には人間が立ち会っていなければならないはずだからです。そのプロセスをも従来の人間、自然人なしで自律的に展開できるようになった機械などというものが実現したとしたら、それらを私たちは新たな「人間」として遇さなければならないだろうからです。そうなれば問題は「機械・対・人間」ではなく、またしても「人間・対・人間」に回帰してしまうでしょう。とはいえそのような世界における「人間」同士の格差問題は、考えるだけで空恐ろしいものとなるでしょう……。

AIと資本

社会関係としての資本

前項で少し「経済学的」に「資本主義」の本質論めいた議論を提示しましたので、ここでは「社会学的」な論点も提示して、締めくくりとしましょう。

『資本論』その他でカール・マルクスが提起した資本主義観、というより「資本」観の面白さは、「資本はモノではなく社会関係である」と喝破したところにあります。言うまでもなくそこにもまた「物象化」という発想がかかわっています。常識的な経済観（マルクス主義風に言えば「ブルジョワ・イデオロギー」）にどっぷりつかった人には、資本は単なるモノ、具体的には資本設備や資金や原材料・半製品の在庫などにしか見えないわけですが、マルクスに言わせればそうしたものたちそれ自体は、それだけでは何のはたらきもしません。それらの所有者たる資本家の手によって、資本家が雇用した労働者たちと結び付けられ、資本家の指令の下、労働者に活用されることによって、はじめてそれは「資本」として価値を生みます。資本財や資金、あるいは材料だけあっても何の意味もありません。

このような「いわゆる『資本』はそれだけでは何の価値も生み出さず、雇用労働と結び付けられねばならない。つまり『資本』の正体は物財ではなく、それらが労働と結び付けられる社会関係なのである」という発想の原点をマルクスは、E・G・ウェイクフィールドに求めます。ウェイクフィールドは学者というより植民事業に生涯を賭けた事業家、見ようによっては山師なのですが、その事業を裏付ける植民理論を展開したいくつかの書物で、粗削りながらそれなりに魅力的な論点をいくつか提出しています。そのひとつがこの「社会関係としての資本」とでもいうべきアイディアです。[21] もうひとつ重要なのは、やはりマルクスに強い影響を与えた「労働の結合 combination of labour」論、マルクスの言葉でいうと「協業 Kooperation」論です。スミスは市場を通じた「分業」＝「労働の分割」を強調しますが、ウェイクフィールドはそうやって分割された労働が市場を通じて結合されること、のみならずそうした「労働の結合」は、資本家的経営において、事業所＝工場レベル、生産現場レベルでも、資本と労働の結合とともに行われること、を強調します。この論点はのちの経営学、経営組織論に継承されたといってもよいでしょう。[22]

この「資本とは物財ではなく、物財＝資本財と人間労働を、資本財所有者の支配下で結合する社会関係のことである」とでもいうべきアイディアは、むろんマルクスの全くのオリジナルではないにせよ、『資本論』その他の著作で彼が練り上げ、後世に強い影響を与えたものですが、ことに人工知能時代ともいうべき局面にあっては、ある程度の見直し、あるいはその濫用を戒めるべき時になっていると言えそうです。

労働なき資本？

本論でも見た通りマルクスの場合、労働の多義性、とりわけ本来的な労働、社会的存在としての人間の能動性、創造性の発露としての労働と、それが資本主義の下で堕落した、疎外された労働との二面性とを強調するところが、面白みであると同時に、その議論を混乱させる弱みともなっています。

資本主義以前の社会においても、直接的生産に従事し、労働する人々は、富める強者によって支配されていましたが、資本主義以前の、古代の帝国における奴隷制や、中世封建制の下では、それはむき出しの政治的強制力や暴力による収奪を通じてでした。近代的な資本主義経済における搾取は、それが形式的には自発的な等価交換、対等の取引を通じて行われるところにある、というのがマルクスの議論のポイントです。

繰り返しになりますが確認しましょう。資本主義経済社会の下では、直接的生産者は生産手段から引きはがされ、自分の身ひとつ、労働力としての身を売り物として市場に持ち出します。実際の労働は生産手段、つまりは資本財や原材料等々と組み合わされることによってはじめて可能になるのですが、それらの生産手段を所有するのは資本家であり、資本家は生産手段と労働者を（ウェイクフィールド風に言えば）結合してビジネスを行いますが、その際ビジネスのリーダーシップは、あくまでも資本家がとります。理論的には資本家は資金、資本財を、労働者は労働力を供与しつつ、ビジネスの運営は両者の協議を通じて行う、ということも可能に見えますが（初期社会主義者の協同組合論はこのようなものですが）、実際には労働者の労働力は「買われ」てしまい、一方的に資本家に支配されてしまう、というわけです。

そのような労働者の側の労働の従属性が「疎外された労働」の一面であり、他方、資本家の側の、ただ単に労働者を指揮命令するだけで、自らは身体を動かさず、身を切るリスクも冒さない安逸さへの後退も、「疎外された労働」のいまひとつの面であるというべきでしょう。自由と必然、創造と抑圧の二重性の間に引き裂かれてあることこそ、ヘシオドス以来の、人間の栄光と悲惨を同時に体現するものとしての労働観の根底にあると言えます。資本主義社会においては、そのような労働の二重性が、別々の階級に引き裂かれている、というのがマルクスのヴィジョンです。

ただそのような二重性の把握が、マルクスの資本主義的労働論、とりわけ機械化と労働との関係をめぐる議論を混乱させる元ともなっているように思われます。資本主義的なビジネスにおいては、本来の意味での労働が、主として資本家に担われる精神労働、具体的には経営管理業務や技術開発、商品開発などの創造的業務と、主として雇われる労働者によって担われる肉体労働とに分裂している、と指摘し、更に後者が労働節約的な機械にどんどん置き換えられていく可能性を指摘しながら、他方で「価値の本来的な源泉は労働である」という信念からか、そのような労働節約には限界があり、一切の肉体労働が機械化されて雇用労働者が不要化される可能性については一蹴しています。たとえ量的にどれほど少なくなっても、精神労働のみならず肉体労働も、富の生産においては必要であり続けるのだ――と。

しかしそうした判断は、当面の――それこそ19世紀の、マルクスが直面した現実を前にしての実践的な判断としてみれば十分に合理的だったと言えましょうが、理論的には即断であり、「あらゆる肉体労働が機械に置き換えられてしまう可能性は、原理的にもあり得ない！」という主張は、突き詰めれば願望かドグマかそのどちらかに陥らざるを得ないのではないでしょうか？

そのように考えたとき、ウェイクフィールド＝マルクス的な資本観も、部分的な修正を余儀なくされるでしょう。すなわち、資本にとって経営管理的労働はその必須の構成要素ではあるが、従属的労働は必ずしもそうではなく、物財、なかんずく機械によってある程度置き換え可能なものである、と。このような資本観の修正の必要は、人工知能機械の発展に伴い、ますます重要なものとなってくると思われます。

更に言えばもちろん、より長期的な未来において、ボストロム的なスーパーインテリジェンスとはいかずとも、人間による管理監督なく自律的に稼働しうる人工知能機械がビジネスの現場に参入してくれば、肉体労働はもとより経営管理業務や技術開発、創造的業務にも参入してくることになります。その場合はもちろん、繰り返しますが、ある種の法的人格、財産権やそれに伴う義務を備えた地位を、そうした機械、ロボットには付与せざるを得なくなるでしょう。

注

［はじめに］

1 このような観点からの一般的著作としては、ベストセラーとなった井上智洋『人工知能と経済の未来』（文藝春秋）が読みやすいでしょう。

2 これはこの後予定されている『資本主義の哲学（仮）』という著作への橋渡しともなります。

［1 近代の労働観］

1 ハンナ・アレント『人間の条件』（志水速雄訳、筑摩書房）、『活動的生』（森一郎訳、みすず書房）。

2 わかりやすいのはヘシオドス『神統記』『仕事と日』（岩波書店他）でしょう。なお西洋に限定されてはいますが、労働をめぐる思想史についての包括的な著作としては中山元『労働の思想史』（中山文庫［電子書籍］）、より本格的には Herbert Applebaum, *The Concept of Work: Ancient, Medieval, and Modern*, State University of New York Press, 1992. があります。

3 アダム・スミス『国富論』（岩波書店他）。

4 なお日本語で「分業」としてしまうとあっさりしすぎですが、西欧語ではこれは division of labour（英語）、Arbeitsteilung（ドイツ語）つまり「労働の分割」であることに注意しましょう。

5 稲葉振一郎『不平等との闘い』（文藝春秋）、第1章。

6　ヘーゲル哲学についてのわかりやすいまとめとしては加藤尚武「ヘーゲル」『哲学の歴史7　カントとドイツ観念論』（中央公論新社）、ピーター・シンガー『ヘーゲル入門』（島崎隆訳、青木書店）他。また、多分に我流で個性的ですが、欲望の哲学者としての側面を強調してのちのヘーゲル解釈に大きな影響を与えた著作としてアレクサンドル・コジェーヴ『ヘーゲル読解入門』（上妻精、今野雅方訳、国文社）。

7　ヘーゲル『法の哲学』（中央公論新社他）、ビルガー・P・プリッダート『経済学者ヘーゲル』（高柳良治他訳、御茶の水書房）、ピエール・ロザンヴァロン『ユートピア的資本主義』（長谷俊雄訳、国文社）他。

8　ジェイムズ・ステュアート『経済の原理』（小林昇監訳、名古屋大学出版会）。

9　ヘーゲル『イェーナ精神哲学』（尼寺義弘訳、晃洋書房）、『イェーナ体系構想』（加藤尚武監訳、法政大学出版局）。

10　ヘーゲル『精神現象学』（河出書房新社他）、コジェーヴ前掲書におけるその読解をも参照。

11　稲葉振一郎「貧民問題を巡るスミスとヘーゲル（Ⅰ）～（Ⅲ）」『岡山大学経済学会雑誌』第25巻第3号、第4号、第26巻第1号。

12　ヘーゲル『法の哲学』、フリードリッヒ・リスト『農地制度論』（小林昇訳、岩波書店）。

13　マルクス『資本論第一部草稿　直接的生産過程の諸結果』（森田成也訳、光文社）。

14　更に木庭顕は、物にも消費される種類物と個性ある耐久財、果実と元物の区別があることに注意を喚起します。木庭『新版ローマ法案内』（勁草書房）。

15　ロック『統治二論』（岩波書店他）。

16　ケネー『経済表』（平田清明他訳、岩波書店）、チュルゴ「富の形成と分配にかんする諸考察」（『チュルゴ経済学著作集』津田内匠訳、岩波書店）。

17　マルクス『経済学・哲学草稿』（光文社他）、『ドイツ・イデオロギー』（新日本出版社他）、『経済学批判要綱』（『マルクス　資本論草稿集1・2　1857～58年の経済学草稿』大月書店）、『資本論』（新日本出版社他）。

18　ユルゲン・ハーバーマス「労働と相互行為」（『イデオロギーとしての技術と科学』長谷川宏訳、平凡社）、『コミュニケイション的行為の理論（上・中・下）』（平井俊彦他訳、未来社）。これはほとんど『人間の条件』でアレントのいう「活動 action」と同義です。
19 ハーバーマス「労働と相互行為」（『イデオロギーとしての技術と科学』所収）。
20 稲葉振一郎『「公共性」論』（NTT出版）、『政治の理論』（中央公論新社）他。
21 マルクス主義が一見凋落したように見えて、その発想法それ自体は案外しぶとく生き残っていることについては稲葉振一郎『「新自由主義」の妖怪』（亜紀書房）他。
22 今日の制度と組織のミクロ経済分析の教科書、たとえばポール・ミルグロム&ジョン・ロバーツ『組織の経済学』（奥野正寛他訳、NTT出版）、サミュエル・ボウルズ『制度と進化のミクロ経済学』（塩沢由典他訳、NTT出版）他を参照。

［2　労働と雇用］

1 以下 locatio conductio、mandatum については木庭前掲書第3章を参照のこと。
2 たとえば濱口桂一郎『日本の雇用と労働法』（日本経済新聞出版社）。
3 以上本節での議論については濱口前掲書の他、森建資『雇用関係の生成』（木鐸社）、金子良事『日本の賃金を歴史から考える』（旬報社）、稲葉『政治の理論』第7章を参照のこと。
4 20世紀マルクス主義と産業社会論については、稲葉『「新自由主義」の妖怪』。
5 小池和男『仕事の経済学』（東洋経済新報社）などが代表的です。
6 契約の不完備性の問題についても、前出のミルグロム&ロバーツやボウルズなどを参照のこと。
7 稲葉『「新自由主義」の妖怪』エピローグ参照。
8 このあたりについては「コーポレート・ガバナンス」を講じた教科書的文献なら何でもよいですが、ミルグロム&ロバーツ前掲書、また入門的文献としてジョセフ・ヒース『資本主義が嫌いな人のための経済学』（栗原百代訳、

NTT出版）が啓発的です。

9 アリストテレス『ニコマコス倫理学』『政治学』（岩波書店他）。

10 とはいえ実際にはロックは、servant すなわち使用人の労働の生産物を、主人の所有に帰するものとして描いてしまってはいますが。なお稲葉『政治の理論』第7章をも参照。

11 稲葉『不平等との闘い』第2章、『政治の理論』第7章を参照。

12 コジェーヴ前掲書、フランシス・フクヤマ『歴史の終わり（上・下）』（渡部昇一訳、三笠書房）。

13 のちに触れますが、ナチス台頭前のエルンスト・ユンガーが典型でしょう。ユンガー『労働者　支配と形態』（川合全弘訳、月曜社）についてはドラッカーも論及しています。

14 ピーター・ドラッカー『「経済人」の終わり』（上田惇生訳、ダイヤモンド社）。

15 ユンガー『労働者　支配と形態』。

16 この点につき仲正昌樹『思想家ドラッカーを読む』（NTT出版）をも参照のこと。

17 タルコット・パーソンズ『社会システムの構造と変化』（倉田和四生編訳、創文社）他。

18 ラルフ・ダーレンドルフ『産業社会における階級および階級闘争』（富永健一訳、ダイヤモンド社）。

19 カー、ダンロップ、ハービソン、マイヤーズ『インダストリアリズム』（中山伊知郎監修、川田寿訳、東洋経済新報社）。

20 ヨゼフ・シュムペーター『資本主義・社会主義・民主主義』（中山伊知郎他訳、東洋経済新報社他）。

21 村上泰亮『産業社会の病理』（中央公論新社）。

22 以下、産業社会論のまとめについては稲葉『「新自由主義」の妖怪』第3章をも参照。

23 稲葉『「新自由主義」の妖怪』第3章参照。

24 稲葉『「公共性」論』第Ⅲ章参照。

25 たとえば青木昌彦『日本経済の制度分析』（永易浩一訳、筑摩書房）、橋本寿朗『日本経済論』（ミネルヴァ書房）。

［3　機械、AIと雇用］

1　ルイス・マンフォード『機械の神話』（樋口清訳、河出書房新社）、ドゥルーズ&ガタリ『アンチ・オイディプス』（宇野邦一訳、河出書房新社）。

2　「論理学の機械化」から「統計学の機械化」への人工知能思想の変遷については、稲葉振一郎『社会学入門・中級編』（有斐閣）第6章をも参照。

3　稲葉『社会学入門・中級編』第6章、ならびにその参照文献を参照のこと。

4　「『すごすぎる』——地方のパン屋が〝AIレジ〟で超絶進化　足かけ10年、たった20人の開発会社の苦労の物語」ITmedia NEWS、2017年5月15日（https://www.itmedia.co.jp/news/articles/1705/15/news081.html）。

5　『要綱』などにおけるマルクスのこうした幅の振れ、射程の広さについてはたとえば向井公敏『貨幣と賃労働の再定義　異端派マルクス経済学の系譜』（ミネルヴァ書房）。

6　稲葉『不平等との闘い』、特に第4章を参照のこと。

7　稲葉『不平等との闘い』第3章。

8　稲葉『不平等との闘い』第5章、ボウルズ前掲書を参照。

9　こうした論点については稲葉『不平等との闘い』第5章をも参照。

10　稲葉『社会学入門』（NHK出版）第2講を参照。

11　このあたり詳しくは拙著『不平等との闘い』第4章などを参照。もちろん実際にはすべての技術革新がこのようなものであったわけではありません。たとえば、「産業革命」に先立つ近世のいわゆる「勤勉革命」下の農業においては、土地の生産性、一定の広さの耕地当たりの生産高は上がったものの、労働生産性自体は必ずしも上がらない、というタイプの革新があったようです。土地生産性の向上効果があまりに大きかったので、労働生産性が上がらない、あるいはかえって下がったとしても、賃金や地代などを合わせた総費用に対する利益率は上がって、社会総体としての生産力は向上しても、その成果が労働者や貧農にまでは回らず、雇用は増えても賃金は上がらない、という状況です。

12 デイヴィッド・リカードウ『経済学および課税の原理（上・下）』（岩波書店他）。

13 マルクス『賃金・価格・利潤』（光文社他）。

14 向井前掲書他。

15 ニック・ボストロム『スーパーインテリジェンス』（倉骨彰訳、日本経済新聞出版社）。

16 以上を踏まえた近年の理論的転回として、Oded Galor, *Unified Growth Theory*, Princeton University Press, 2011.

17 古典的な業績として、日本では中岡哲郎の『工場の哲学』（平凡社）以降の一連の著作を参照。国際的には、工場労働者・労働運動家であったアメリカの左翼出版人ハリー・ブレイヴァマンの『労働と独占資本』（富沢賢治訳、岩波書店）の影響力が強いです。

18 技能偏向型技術変化について触れた初歩的文献として、稲葉『不平等との闘い』、齊藤・岩本・太田・柴田『マクロ経済学』（有斐閣）、山本勲『労働経済学で考える人工知能と雇用』（三菱経済研究所）。

［4 機械、AIと疎外］

1 Bostrom, Nick, and Yudkowsky, Eliezer. "The Ethics of Artificial Intelligence." In *Cambridge Handbook of Artificial Intelligence*, edited by Keith Frankish and William M. Ramsey, 316–334. New York: Cambridge University Press, 2014.、平和博『悪のAI論』（朝日新聞出版）他。

2 さしあたりは前出の中岡、ブレイヴァマンの著作や、彼らの仕事を継承する研究を参照のこと。研究展望としてポール・トンプソン『労働と管理　現代労働過程論争』（成瀬龍夫他訳、啓文社）。

3 ミルグロム＆ロバーツ、ボウルズの前掲書、またマルクス疎外論を情報の経済学の観点から再解釈したものとしては松尾匡『「はだかの王様」の経済学』（東洋経済新報社）を参照。また経営学的観点からは沼上幹『組織デザイン』（日本経済新聞社）。

4 稲葉『「新自由主義」の妖怪』第4章2を参照。

5 このような立場の表明としてたとえば Bostrom and Yudkowsky 前掲論文、Samir Chopra and Laurence F. White, *A Legal Theory for Autonomous Artificial Agents,* The University of Michigan Press, 2011、より慎重で包括的な議論を提示するウゴ・パガロ『ロボット法』（新保史生監訳、勁草書房）も参照のこと。

6 このあたりの論点については深入りを避けますが、本格的にはデイヴィッド・J・チャーマーズ『意識する心』（林一訳、白揚社）、永井均『なぜ意識は存在しないのか』（岩波書店）を参照のこと。

7 ボストロム前掲書第11章、ならびに Bostrom, Nick. "The Future of Human Evolution." In *Two Hundred Years After Kant, Fifty Years After Turing,* edited by Charles Tandy, 2: 339–371. Death and Anti-Death. Palo Alto, CA: Ria University Press, 2004.

［5 では何が問題なのか？］

1 カール・シュミット「政治神学」（長尾龍一訳、『カール・シュミット著作集Ⅰ』慈学社出版、所収）などにおけるド・メーストル、ドノソ・コルテスらについての議論を参照。

2 トマ・ピケティ『21世紀の資本』（山形浩生他訳、みすず書房）他。稲葉『不平等との闘い』をも参照のこと。

3 アラスデア・マッキンタイア『依存的な理性的動物』（高島和哉訳、法政大学出版局）参照。

4 ピーター・シンガー『実践の倫理［新版］』（山内友三郎・塚崎智監訳、昭和堂）他。

5 『機械との競争』『ザ・セカンド・マシン・エイジ』（村井章子訳、日経BP社）で有名になったブリニョルフソン&マカフィーの主張も結局はこのような穏当なところに行きつきます。同『プラットフォームの経済学』（村井章子訳、日経BP社）参照。

6 パガロ前掲書他。

7 本節と次節の記述は、稲葉『銀河帝国は必要か？ ロボットと人類の未来』（筑摩書房）第1章第5節「ネットワーク技術で変貌した人間社会」と重複しています。

8　サブスクリプションを含め、ビジネスへのＡＩの応用のこうした展開については、たとえばアジェイ・アグラワル、ジョシュア・ガンズ、アヴィ・ゴールドファーブ『予測マシンの世紀　ＡＩが駆動する新たな経済』（小坂恵理訳、早川書房）を参照。

9　以下、動物の法的・道徳的地位の問題をめぐってはマッキンタイア、シンガー前掲書の他、伊勢田哲治『動物からの倫理学入門』（名古屋大学出版会）、特に法理、法制度との関連で青木人志『法と動物　ひとつの法学講義』（明石書店）を参照。

10　シンガー前掲書他。

11　マッキンタイア前掲書他。

12　稲葉『宇宙倫理学入門』（ナカニシヤ出版）、第7章をも参照。

［エピローグ　ＡＩと資本主義］

1　「社会主義経済計算論争」について、まずは論争の主役ともいうべきルートヴィヒ・フォン・ミーゼス『社会主義共和国における経済計算』（岩倉竜也訳、きぬこ書店［電子書籍］）を参照。論争のまとまった研究としては、西部忠『市場像の系譜学』（東洋経済新報社）、その原型の学位論文「社会主義経済計算論争の市場像：経済の調整と組織化」（http://hdl.handle.net/2115/32896）。

2　たとえば森嶋通夫『思想としての近代経済学』（岩波書店）でも、冷戦終了後にもかかわらず、このような主張が行われています。

3　たとえば村上前掲書、青木昌彦『企業と市場の模型分析』（岩波書店）。また稲葉『「新自由主義」の妖怪』を参照のこと。

4　たとえばコルナイ・ヤーノシュ『資本主義の本質について』（溝端佐登史他訳、ＮＴＴ出版）他。

5　たとえば塩沢由典『市場の秩序学』（筑摩書房）他。

6　カール・ポランニー『新版　大転換』（野口建彦、栖原学訳、東洋経済新報社）、宇野弘蔵『経済原論』（岩波書店）他。

7　稲葉『不平等との闘い』第5章。

8　小田中直樹『ライブ・経済史入門』（勁草書房）。

9　たとえば稲葉『増補　経済学という教養』（筑摩書房）第3章を参照。

10　以下については、稲葉『不平等との闘い』第6章。

11　これについては稲葉『政治の理論』第5章を参照。専門的な経済学者による解説として明快なのは林貴志『ミクロ経済学　増補版』（ミネルヴァ書房）、第11章。

12　ボウルズ前掲書、ミルグロム&ロバーツ前掲書他を参照。

13　適当な国際経済学の教科書を参照のこと。初歩的なものではたとえば澤田康幸『基礎コース国際経済学』（新世社）、第3章。

14　リチャード・ボールドウィン『世界経済　大いなる収斂』（遠藤真美訳、日本経済新聞出版社）。

15　ブランコ・ミラノヴィッチ『大不平等　エレファントカーブが予測する未来』（立木勝訳、みすず書房）。

16　トマ・ピケティ前掲書『21世紀の資本』。

17　稲葉『不平等との闘い』第7章。

18　ボールドウィン前掲書、第10章。

19　稲葉『宇宙倫理学入門』を参照。

20　Paul Krugman, "Robots and Robber Barons", *The New York Times*, DEC. 9, 2012. ［https://www.nytimes.com/2012/12/10/opinion/krugman-robots-and-robber-barons.html?hp&_r=0］. 邦訳は http://okemos.hatenablog.com/entry/20121211/1355216565。

21　エドワード・ギボン・ウェイクフィールド『イギリスとアメリカ（1）〜（3）』（中野正訳、日本評論社）。

22　ウェイクフィールド「翻訳：ウェイクフィールドのスミス『国富論』註解（1）〜（3）」（諸泉俊介訳）『佐賀大学文化教育学部研究論文集』第10巻第1号、同第2号、第11巻第1号。

あとがき

ふとした行きがかりから人工知能の発展や宇宙開発の未来についての倫理学的考察という仕事に首を突っ込み、気が付けば五年ほど経ちました。その中で二件ほどの、競争的資金を獲得しての「ＡＩ時代の社会科学的研究」とでもいうべき共同研究の企画にお誘いいただいたのをきっかけに、ＡＩと労働との関係について、現時点での考えを少し整理しておこうと思い立ちました。残念ながら共同研究の方は、二件とも資金獲得が頓挫して流れてしまいましたが、幸いその前から講談社クリエイトの今岡雅依子さんよりお誘いをいただいておりましたので、書いてみたのがこの原稿です。また、２０１８年から19年にかけて、朝日カルチャーセンター（湘南・新宿）で同題のレクチャーを何度かさせていただきました。

まったくの偶然ですが、本書とほぼ同時に、重複するテーマを全く別のアングルから扱ったもうひとつの本、『銀河帝国は必要か？　ロボットと人類の未来』もちくまプリマー新書より刊行される予定です。関心がおありの方は、そちらの方もお手に取っていただけると幸いです。

また本書では人工知能の問題とはある程度独立に「資本主義とは何か？」という問題についても取

り組んでみました。「はじめに」でも少しだけ触れましたが、それについてはいずれ『資本主義の哲学（仮）』という独立した著作で扱う予定です。

＊本書は２０１８～２０２１年度日本学術振興会科学研究費挑戦的研究（開拓）「宇宙科学技術の社会的インパクトと社会的課題に関する学際的研究」（研究代表者：呉羽真、研究課題／領域番号18Ｈ０５２９６）、ならびに２０１８年度明治学院大学社会学部付属研究所一般プロジェクト「宇宙倫理学の基礎研究」（研究代表者：稲葉振一郎）の交付を受けた研究成果の一部です。

２０１９年夏

稲葉振一郎

稲葉振一郎（いなば・しんいちろう）

一九六三年、東京都生まれ。一橋大学社会学部卒業。東京大学大学院経済学研究科博士課程単位取得満期退学。岡山大学経済学部助教授などを経て、明治学院大学社会学部教授。専門は社会哲学。著書に『銀河帝国は必要か？　ロボットと人類の未来』（ちくまプリマー新書）、『社会学入門・中級編』（有斐閣）、『「新自由主義」の妖怪』（亜紀書房）、『政治の理論』（中公叢書）、『宇宙倫理学入門』（ナカニシヤ出版）、『不平等との闘い』（文春新書）、『社会学入門』（NHKブックス）、『「資本」論』（ちくま新書）、『経済学という教養』（東洋経済新報社／ちくま文庫）、『リベラリズムの存在証明』（紀伊國屋書店）、『ナウシカ解読』（窓社）など多数。

A《エー》I《アイ》時《じ》代《だい》の労《ろう》働《どう》の哲《てつ》学《がく》

二〇一九年　九月一〇日　第一刷発行
二〇二〇年　三月一三日　第四刷発行

著　者　稲《いな》葉《ば》振《しん》一《いち》郎《ろう》

発行者　渡瀬昌彦

発行所　株式会社講談社
東京都文京区音羽二丁目一二―二一　〒一一二―八〇〇一
電話（編集）〇三―三九四五―四九六三
（販売）〇三―五三九五―四四一五
（業務）〇三―五三九五―三六一五

装幀者　奥定泰之

本文データ制作　講談社デジタル製作

本文印刷　信毎書籍印刷株式会社

カバー・表紙印刷　半七写真印刷工業株式会社

製本所　大口製本印刷株式会社

ISBN978-4-06-517180-6　Printed in Japan
N.D.C.110　218p　19cm

講談社選書メチエの再出発に際して

講談社選書メチエの創刊は冷戦終結後まもない一九九四年のことである。長く続いた東西対立の終わりはついに世界に平和をもたらすかに思われたが、その期待はすぐに裏切られた。超大国による新たな戦争、吹き荒れる民族主義の嵐……世界は向かうべき道を見失った。そのような時代の中で、書物のもたらす知識が一人一人の指針となることを願って、本選書は刊行された。

それから二五年、世界はさらに大きく変わった。特に知識をめぐる環境は世界史的な変化をこうむったとすら言える。インターネットによる情報化革命は、知識の徹底的な民主化を推し進めた。誰もがどこでも自由に知識を入手でき、自由に知識を発信できる。それは、冷戦終結後に抱いた期待を裏切られた私たちのもとに差した一条の光明でもあった。

その光明は今も消え去ってはいない。しかし、私たちは同時に、知識の民主化が知識の失墜をも生み出すという逆説を生きている。堅く揺るぎない知識も消費されるだけの不確かな情報に埋もれることを余儀なくされ、不確かな情報が人々の憎悪をかき立てる時代が今、訪れている。

この不確かな時代、不確かさが憎悪を生み出す時代にあって必要なのは、一人一人が堅く揺るぎない知識を得、生きていくための道標を得ることである。

フランス語の「メチエ」という言葉は、人が生きていくために必要とする職、経験によって身につけられる技術を意味する。選書メチエは、読者が磨き上げられた経験のもとに紡ぎ出される思索に触れ、生きるための技術と知識を手に入れる機会を提供することを目指している。万人にそのような機会が提供されたとき初めて、知識は真に民主化され、憎悪を乗り越える平和への道が拓けると私たちは固く信ずる。

この宣言をもって、講談社選書メチエ再出発の辞とするものである。

二〇一九年二月　　野間省伸

近代性の構造　今村仁司
身体の零度　三浦雅士
人類最古の哲学　カイエ・ソバージュⅠ　中沢新一
熊から王へ　カイエ・ソバージュⅡ　中沢新一
愛と経済のロゴス　カイエ・ソバージュⅢ　中沢新一
神の発明　カイエ・ソバージュⅣ　中沢新一
対称性人類学　カイエ・ソバージュⅤ　中沢新一
近代日本の陽明学　小島　毅
未完のレーニン　白井　聡
経済倫理＝あなたは、なに主義？　橋本　努
ヨーガの思想　山下博司
パロール・ドネ　C・レヴィ＝ストロース　中沢新一訳
ドイツ観念論　村岡晋一
精読　アレント『全体主義の起源』　牧野雅彦
連続講義　現代日本の四つの危機　齋藤元紀編
ブルデュー　闘う知識人　加藤晴久
怪物的思考　田口卓臣

熊楠の星の時間　中沢新一
来たるべき内部観測　松野孝一郎
アメリカ　異形の制度空間　西谷　修
絶滅の地球誌　澤野雅樹
共同体のかたち　菅　香子
アーレント　最後の言葉　小森謙一郎
三つの革命　佐藤嘉幸・廣瀬　純
なぜ世界は存在しないのか　マルクス・ガブリエル　清水一浩訳
「東洋」哲学の根本問題　斎藤慶典
言葉の魂の哲学　古田徹也
実在とは何か　ジョルジョ・アガンベン　上村忠男訳
創造の星　渡辺哲夫
なぜ私は一続きの私であるのか　兼本浩祐
いつもそばには本があった。　國分功一郎・互　盛央
創造と狂気の歴史　松本卓也

講談社選書メチエ　社会・人間科学

MÉTIER

日本語に主語はいらない　金谷武洋
テクノリテラシーとは何か　齊藤了文
どのような教育が「よい」教育か　苫野一徳
感情の政治学　吉田　徹
マーケット・デザイン　川越敏司
「社会《コンヴィヴィアリテ》」のない国、日本　菊谷和宏
権力の空間／空間の権力　山本理顕
地図入門　今尾恵介
国際紛争を読み解く五つの視座　篠田英朗
中国外交戦略　三船恵美
易、風水、暦、養生、処世　水野杏紀
「こつ」と「スランプ」の研究　諏訪正樹
丸山眞男の敗北　伊東祐吏
新・中華街　山下清海
ノーベル経済学賞　根井雅弘編著
俗語発掘記　消えたことば辞典　米川明彦
氏神さまと鎮守さま　新谷尚紀

日本論　石川九楊
丸山眞男の憂鬱　橋爪大三郎
「幸福な日本」の経済学　石見　徹
危機の政治学　牧野雅彦
主権の二千年史　正村俊之
機械カニバリズム　久保明教
養生の智慧と気の思想　謝心範
暗号通貨の経済学　小島寛之
電鉄は聖地をめざす　鈴木勇一郎
日本語の焦点　日本語「標準形《スタンダード》」の歴史　野村剛史
ヒト、犬に会う　島　泰三
解読　ウェーバー『プロテスタンティズムの倫理と資本主義の精神』　橋本　努